Niveau avancé

affaires.com

Jean-Luc Penfornis

INTERNATIONAL
www.cle-inter.com

À Chen Yi

Crédits photographiques

Couverture : Rido/Fotolia.com.

p. 6 : Tipp Howell/Getty Images ; p. 7 ht g : Nathan Alliard/Photononstop ; p. 7 ht d : Jean-Claude Amiel/hemis.fr ; p. 7 m g : Stéphane Ouzounoff/AFP ; p. 7 m d : Pascal Pavani/AFP ; p. 9 d : Laurent Cerino/REA ; p. 9 g : Joël Saget/AFP ; p. 13 : *Que choisir ?* ; p. 16 ht g : Bettmann/Corbis ; p. 16 ht d : Keystone ; p. 16 m g : J.L. Charmet - Archives Larbor ; p. 16 m d : AKG Paris ; p. 17 : Michel Gangne-STF/AFP ; p. 20 ht : Jean-Claude Moschetti/REA ; p. 20 m : Leland Bobbe/Getty Images ; p. 25 : Robert Llewellyn/Corbis ; p. 27 : Frédéric Maigrot/REA ; p. 32 : Reuter Raymond/ Renault/Corbis Sygma ; p. 34 : Raoul Minsart/Corbis ; p. 37 : Jose Luis Pelaez, Inc./Corbis ; p. 38 : Archives Photos/Hulton Archive/Getty Images ; p. 46 : Ken Kaminesky/Corbis ; p. 48 : Raoul Dufy, Affiches ‡ Trouville, 1906. MNAM, Centre Georges-Pompidou, Paris. Ph. J.J. Hautefeuille - Archives Larbor Adagp, Paris 2003 ; p. 49 bas g : Inc. G&J Images/Getty Images ; p. 49 bas d : Markow Tatiana/Corbis Sygma ; p. 52 : Ludovic/REA ; p. 53 ht : Daniel Bosler/ Getty Images ; p. 53 m : Cheque/Corbis ; p. 54 : Willie Maldonado/Getty Images ; p. 62 : Images.com/Corbis ; p. 76 : W. Geiersperger/Corbis ; p. 78 : Trujillo-Paumier/Getty Images ; p. 83 : Michel Renaudeau/Hoa-Qui ; p. 88 ht : du Sordet/ANA ; p. 88 bas : Alfred Wolf/Hoa-Qui ; p. 90 m ht : Jobin/ANA ; p. 90 m bas : Robert Holmes/Corbis ; p. 99 : Zefa/Hoa-Qui ; p. 118 : Henrik Sorensen/Getty Images France ; p. 119 : Thomas Pajot/Fotolia.com ; p. 121 : Ioannis Kounadeas/Fotolia.com ; p. 122 : Gilles Rolle/REA ; p. 123 : Joef/Fotolia.com ; p. 124 : Emmanuel Valentin/AFP ; p. 125 : Anatoly Maslennikov/Fotolia.com ; p. 126 : Philippe Schuller/Signatures ; p. 127 : Oleksandr Moroz/Fotolia.com ; p. 128 : Frederick Florin/AFP ; p. 129 : Ag visuell/Fotolia.com.

Direction de la production éditoriale : Béatrice Rego
Marketing : Thierry Lucas
Édition : Christine Grall
Couverture : Fernando San Martin
Conception graphique et mise en page : Fernando San Martin / AMG
Iconographie : Agnès Calvo / Agnès Schwab
Illustrations : Jean Hin

Vidéo : BAZ

Introduction

· Une méthode de français des affaires.

Affaires.com s'adresse à des étudiants ou à des professionnels ayant atteint le niveau B 1 du Cadre commun de référence du Conseil de l'Europe. En une centaine d'heures d'apprentissage, ce cours a pour objectif de les amener à maîtriser la langue française, à l'oral comme à l'écrit, dans des situations de communication courantes du monde des affaires. Il prépare par ailleurs au DFP B2 (Diplôme de Français professionnel) de la Chambre de commerce et d'industrie de Paris. L'ensemble des activités et ressources proposées peut également servir à la préparation du DFP C1.

· Six unités thématiques.

L'ensemble des thèmes traités constitue un vaste panorama du monde des affaires. Ces thèmes peuvent être abordés par toute personne, quelle que soit sa formation. *Affaires.com* est une méthode de langue, non un ouvrage de gestion.

· Une leçon par double page.

Une unité contient cinq leçons, et chaque leçon tient sur une double page. L'étudiant commence par des exercices de compréhension pour la découverte et le repérage d'éléments linguistiques sélectionnés, puis il est amené progressivement à réaliser des activités d'expression écrite et orale de plus en plus libres. Les leçons sont complétées par un matériel situé à la fin du livre : dossiers de simulation, fiches et exercices de grammaire, expressions et exercices pour la correspondance professionnelle et la communication téléphonique, transcription des enregistrements, lexique bilingue français-anglais.

· Un « bilan de compétences » à la fin de chaque unité.

Dans chaque leçon, *Affaires.com* prend en compte les quatre aptitudes (CE, CO, EE, EO) et à la fin de l'unité, l'étudiant fait le point : il réalise le bilan de compétences. Un bilan pour lire, écouter, écrire, parler.

· Une attention particulière au vocabulaire des affaires.

On reconnaît surtout la langue des affaires aux mots qu'elle utilise. Des tableaux, baptisés « Leçon du jour », expliquent dans un langage simple les termes les plus courants du monde des affaires. L'étudiant consulte d'abord cette « Leçon du jour ». Il est ensuite invité à manier les mots dans diverses activités de communication, en réalisant des tâches professionnelles bien précises, en résolvant de petits cas d'entreprise, seul ou en groupe, par écrit ou oralement.

· Un point de grammaire à chaque leçon.

Chaque leçon propose un ou des exercices portant sur un point de grammaire précis, complété par des explications ainsi que d'autres exercices situés à la fin du livre.

· Un dossier d'étude, avec entretien vidéo, pour chaque unité

À la fin de l'ouvrage, six dossiers contenant chacun un document écrit, un entretien vidéo et diverses activités permettent d'approfondir un thème en rapport avec chacune des six unités : ce sont les « Gros plans ».

Bon travail !

L'auteur

Tableau des contenus

Unité	Leçon	Page	Savoir-faire	Grammaire
4 **Marketing** p. 48	**1. Étude de marché**	48	réaliser un questionnaire d'enquête de marché, formuler les questions	la place des pronoms compléme[...] l'impératif
	2. Définition du produit	50	positionner un produit, rédiger un rapport	la comparaison
	3. Méthodes de distribution	52	analyser les formes de distribution, rédiger un compte rendu	les prépositions et les adverbes de lieu
	4. Moyens de communication	54	analyser différents moyens de communication, concevoir un message publicitaire	le discours rapporté (au présent)
	5. Force de vente	56	examiner le rôle du vendeur et les techniques de vente	l'infinitif, complément du verbe
	Bilan de compétences	58	lire .... écouter	écrire............... parler ....
5 **Correspondance professionnelle** p. 62	**1. Prise de contact**	62	identifier les partenaires de l'entreprise	les différentes façons de demander (conditionnel, impératif, etc.)
	2. Commande en ligne	64	comparer différents moyens de passer commande	la condition
	3. Service clientèle	66	formuler et traiter une réclamation (par lettre / téléphone / e-mail),	la cause
	4. Règlement de facture	68	demander un délai de paiement, répondre à cette demande	la conséquence
	5. Question d'assurance	70	s'informer sur les conditions du contrat d'assurance, écrire / répondre à une lettre de déclaration de sinistre	le but
	Bilan de compétences	72	lire .... écouter	écrire............... parler ....
6 **Resultats et tendances** p. 76	**1. Secteur d'activité**	76	définir un secteur, analyser l'évolution d'un secteur, rédiger un rapport	le discours rapporté (au passé) : la concordance des temps
	2. Entreprise en chiffres	78	présenter / analyser les résultats de l'entreprise, les cours de la bourse	les adverbes de quantité
	3. Comptes de l'exercice	80	lire / établir un compte de résultat et un bilan d'entreprise	la concession
	4. Comptes de la nation	82	analyser les principales données chiffrées d'une ville, d'un pays	l'opposition
	5. Commerce extérieur	84	établir les balances du commerce extérieur, comparer libre-échange et protectionnisme	l'indicatif et le subjonctif dans la proposition complétive
	Bilan de compétences	86	lire .... écouter	écrire............... parler ....

Unité 1

Acteurs économiques

1 Paroles d'actifs

1 **Les personnes qui travaillent font partie de la population active.**

a. Lisez la leçon du jour ci-contre.

b. Dites si les affirmations suivantes sont vraies ou fausses.

1. Les cadres sont des salariés.
2. Les cadres travaillent sous la direction des employés et des ouvriers.
3. Le personnel de l'entreprise comprend des travailleurs indépendants.

2 **Que font Léo, Lucie, Michel ? Qui sont-ils ? Pourquoi ?**

a. Léo est un peintre professionnel. Il travaille pour lui-même. Léo est-il un salarié ou un travailleur indépendant ?

b. Léo repeint la cuisine de Lucie. Lucie est-elle l'employeur de Léo ?

c. Lucie travaille pour l'entreprise Lauréade, un célèbre fabricant de produits cosmétiques. Elle est responsable du personnel. Lucie est-elle une salariée de Lauréade ? Est-elle cadre ?

d. Michel travaille aussi chez Lauréade. C'est le secrétaire de Lucie. Michel est-il le salarié de Lucie ? Est-il cadre ?

3 **Lisez la définition ci-contre.**

a. Remplacez le mot salarié.

b. Donnez une définition du salarié.

Leçon du jour

LA POPULATION ACTIVE

On distingue deux types de travailleurs :
– les salariés : ils travaillent pour le compte et sous l'autorité d'un employeur (souvent une entreprise) ; ils reçoivent un salaire ;
– les travailleurs indépendants : ils travaillent en leur propre nom, pour des clients (ex. : professions libérales, artisans, etc.).

Dans une entreprise, il y a plusieurs types de salariés :
– les ouvriers : ils exécutent des travaux manuels et travaillent souvent dans une usine ;
– les employés : ils effectuent un travail administratif et travaillent dans un bureau ; ils ont peu de responsabilités ;
– les cadres (les managers) : ils occupent des postes de direction ; ils font partie de l'encadrement (management).

L'ensemble des salariés forme le personnel de l'entreprise.

SALARIÉ. Personne qui exerce un métier manuel pour son propre compte, aidée souvent de sa famille, de compagnons, d'apprentis, etc.
Les plombiers, les serruriers sont généralement des salariés.

4 **Le texte ci-dessous concerne deux parisiens, Charlotte et Arthur. Lisez-le.**

Charlotte et Arthur sont-ils des travailleurs indépendants ou des salariés ?

la Sorbonne

Charlotte, 28 ans, travaille comme ingénieur chimiste dans le laboratoire de recherche d'une grande entreprise pharmaceutique. Elle dirige une petite équipe de chercheurs. Le laboratoire se trouve à la Défense, un quartier d'affaires situé à l'ouest de Paris.

Elle habite avec son mari dans la banlieue de Paris. Ils louent un appartement de trois pièces (60 m^2, loyer mensuel de 1 200 euros). « *Nous n'avons pas encore d'enfant, déclare Charlotte ; Arthur, mon mari, a 26 ans. Il est serveur dans un restaurant, qui se trouve à quelques minutes à pied de chez nous. Il reçoit un salaire fixe de 1 300 euros par mois et touche aussi des pourboires. Il travaille seu-*lement à temps partiel. Le reste du temps, il étudie. Il dort peu – environ 6 heures par nuit. Il prépare un doctorat d'histoire à la Sorbonne. Arthur est passionné par le XVIIIe siècle.* »

Charlotte travaille cinq jours par semaine, du lundi au vendredi. « *Je me lève à 6 h 30, explique-t-elle, je prends un bon petit déjeuner, puis je me rends en métro à la Défense. De porte à porte, il me faut 35 minutes, et j'arrive à mon travail à 9 heures. À midi, je déjeune dans un restaurant avec des collègues. Je suis de retour chez moi vers 19 heures, quelquefois plus tard.* » À la maison, Charlotte pense souvent au laboratoire. « *J'ai deux passions dans la vie, précise-t-elle, Arthur et mon travail.* »

L'interrogation directe

Voici les réponses de Charlotte. Quelles étaient les questions ?

Ex. : 28 ans → Quel âge avez-vous ?

1. À la défense.	5. 26 ans
2. Avec mon mari.	6. À 6 h 30.
3. Trois pièces.	7. En métro
4. Pas encore.	8. 35 minutes

→ **Voir page 99.**

5 **Le texte comprend de nombreuses informations sur Charlotte et Arthur.**

Pouvez-vous collecter les mêmes informations auprès de l'un de vos collègues de classe ?

a. Préparez une liste de questions.

b. Interrogez votre collègue. Prenez des notes.

6 Écrivez un texte de 150 mots environ présentant votre collègue.

4Quelle est la durée de votre trajet
2. Ca prend combien de temps.

Diversité des entreprises

1 **Le rôle principal de l'entreprise est de produire.**

a. Lisez la leçon du jour ci-contre.

b. Dites si les affirmations suivantes sont vraies ou fausses.

1. Une entreprise produit toujours des biens matériels. F

2. Le seul but de l'entreprise est de faire du profit. V

3. Les créanciers apportent des capitaux à l'entreprise. F

4. Dans une économie capitaliste, les salariés sont propriétaires des biens de production. F

2 **Deux personnes parlent de l'entreprise. Dites qui parle dans chaque cas.**

C'est là où je travaille et où je gagne ma vie.

un salarié

Si l'entreprise fait des bénéfices, je reçois des dividendes, c'est-à-dire une part de ces bénéfices.

les propriétaire

3 **Complétez le texte suivant avec certains mots de la « boîte d'entreprises » ci-contre.**

Il existe une multitude d'entreprises, très différentes par leur taille et leur activité : des grandes *une at* ___5___ produisant des tonnes de blé à côté de petites fermes produisant quelques fruits et légumes pour les marchés de la région ; des ___1___ très chics, comme les Galeries Lafayette, proposant des milliers de produits, à côté de petites boutiques vendant quelques articles de mercerie ou d'épicerie ; des ___2___ à côté de petites auberges *inn hostel* de villages ; des ___8___ employant des milliers d'ingénieurs et d'ouvriers à côté d'ateliers d'artisans, de menuisiers, de plombiers, travaillant seuls ou avec quelques compagnons ; des ___4___ transportant chaque jour des milliers de passagers à côté de petits transporteurs routiers.

Leçon du jour

Qu'est-ce qu'une entreprise ?

• L'entreprise **produit** et **vend des biens et/ou des services** dans un but lucratif (pour gagner de l'argent).

• Elle produit grâce :
– au **travail** fourni par son **personnel** (l'ensemble des **salariés**) ;
– aux **biens de production** : bâtiments, matériel, matières premières, etc.

• Les **moyens financiers** sont apportés par le(s) **propriétaire(s)** (les **capitalistes**) et prêtés par les **créanciers** (par exemple, les banques).

Boîte d'entreprises

1. grands magasins
2. hôtels cinq étoiles
3. agences de publicité
4. compagnies aériennes
5. exploitations agricoles
6. compagnies d'assurances
7. établissements financiers
8. constructeurs automobiles

↳ *Air France*

« de » et « des »

*Ce magasin vend **de** nombreux chocolats et **des** chocolats délicieux. Pas étonnant qu'il attire **des** centaines **de** clients !*

Complétez avec « de » ou « des ».

1. Il y a *de* nombreuses entreprises dans la région, mais très peu *de* grandes entreprises.

2. Je connais *des* entreprises performantes. Hélas, je connais aussi *de* mauvaises entreprises.

3. Cette entreprise vend *des* dizaines *de* produits différents, mais elle réalise la plus grande partie *de* son chiffre d'affaires avec un seul produit.

4. Elle emploie plusieurs milliers *de* salariés dans *des* pays divers.

→ **Voir page 100.**

4 Il existe différents types d'entreprises : industrielles, commerciales, artisanales, agricoles, financières, de services.
À quel type appartient chacune de ces deux entreprises ?

[handwritten: Mr. Bibendum]

[handwritten: - in Latin America as well]

Michelin

Carrefour *[handwritten: un supermarché]*

5 Une entreprise peut appartenir à différents secteurs.

Exemples de secteurs : agroalimentaire, banques, assurances, énergie, équipement automobile, grande distribution, informatique, télécommunications, tourisme, hôtellerie, restauration, transport, etc.

a. À quel secteur appartiennent respectivement Michelin et Carrefour ?

b. À votre avis, de ces deux entreprises, quelle est la plus ancienne ? Laquelle a le plus grand nombre de clients ? Pourquoi ?

6 Le texte suivant présente l'entreprise Michelin. Deux phrases n'appartiennent pas à ce texte. Barrez ces deux phrases.

Créée en 1889, Michelin rassemble 80 sites de production répartis dans une vingtaine de pays. L'entreprise produit 785 000 pneus par jour et emploie 130 000 personnes. Elle occupe à elle seule 20 % du marché mondial, avec une présence commerciale dans 170 pays. Elle réalise un chiffre d'affaires annuel de 400 millions d'euros (47 % de ce chiffre d'affaires en Europe, 40 % en Amérique, 13 % sur les autres continents). ~~Elle possède 750 hypermarchés et 2 400 supermarchés.~~ Son siège social se trouve à Clermont-Ferrand, une ville située au sud de la France. ~~Le cybermarché de la société propose la livraison à domicile des courses alimentaires, parmi un choix de 6 000 produits.~~

7 Remplissez la fiche d'identité de Michelin.

FICHE D'IDENTITÉ

- Nom de l'entreprise : ... *[handwritten: Michelin]*
- Secteur d'activité : ... *[handwritten: équipement automobile]*
- Effectifs : ... *[handwritten: 130,000]*
(Combien de salariés emploie-t-elle ?)
- Chiffre d'affaires : ... *[handwritten: 400 millions euros]*
(Quel est le montant des ventes ?)
- Siège social : ... *[handwritten: à Clermont-Ferrand]*
(Où se trouve la direction ? *[handwritten: 80 sites]*
- Lieux d'implantation : ... *[handwritten: vingtaine de pays]*
(Où se trouvent les usines, les bureaux, etc. ?)
- Étendue du marché : *[handwritten: Europe, Amérique et les autres continents]*
(Où vend-elle ? Dans quels pays ?)
- Autres caractéristiques : ... *[handwritten: créé en 1889, 785,000 pneu par jour]*

JOUEZ À DEUX

Personne A : Consultez le dossier 1, page 90.
Personne B : Consultez le dossier 1, page 94.

3 Banque de crédit

1 En France, la mise en page d'une lettre varie d'une entreprise à l'autre. Souvent, elle se présente comme dans la lettre ci-dessous.

a. Lisez cette lettre.

b. Dites si les affirmations suivantes sont vraies ou fausses.

1. La banque Azur est une SA (société anonyme).
2. Son siège social se trouve à Paris.
3. L'expéditeur de cette lettre se trouve dans le 10ᵉ arrondissement de Paris.
4. Le signataire de cette lettre dirige la banque Azur.
5. Une pièce (un document) est jointe à la lettre.
6. Le destinataire de cette lettre est un client de la banque.
7. Il a perdu son carnet de chèque.

[handwritten annotations: petit banque; sender of the letter; Grande Banque; very important; destination of letter; martin perruchon; # of correspondant; this secretary; little paragraphs; spaces between paragraphs; NO idents with paragraphs!; R.O.V.]

AGENCE MAGENTA
71-73 boulevard Magenta
75010 PARIS
Tél. : 01 42 44 88 44
paris.magenta@bo.paris.eur

Banque Azur

M. / Mme. / Mle

0014315411024400076842
M. William SANCHEZ
3 rue Jarry
75010 PARIS

Réf. : MP/BD/767

Paris, le 3 mars 2015

Objet : nouveau code secret

PJ :

Cher client,

Vous nous avez informés de la perte de VOTRE CODE SECRET permettant l'accès à INFONET, le service de banque à domicile de LA BANQUE AZUR.

Nous vous avons donc attribué le nouveau code secret suivant :

128011

Vous pouvez le modifier à tout moment : connectez-vous à INFONET et cliquez sur « Modification du code secret » à la page d'identification.

Nous espérons que le service d'INFONET vous donne entière satisfaction.

Nous vous prions de recevoir, cher client, nos meilleures salutations.

Martin PERRUCHON
Directeur de l'Agence

BANQUE AZUR SA AU CAPITAL DE 670 407 765 EUROS.
SIÈGE SOCIAL À PARIS 09, 45 BD HAUSSMANN. RCS PARIS 552120444

2 Lisez ci-dessous l'histoire d'Alice, une cliente de la banque Azur.

Alice, cliente de la banque Azur, veut acheter le scooter de ses rêves. Mais le scooter coûte 3 300 euros et Alice n'a pas assez d'argent. Son compte en banque est même légèrement à découvert.

Alice demande un crédit à sa banque. « Crédit accordé », répond le banquier. Alice devra rembourser son emprunt en cinq ans. Elle devra aussi payer un intérêt de 6 %, car un banquier ne prête pas gratuitement.

Le jour où la banque lui accorde le crédit, Alice achète le scooter. Elle paye par chèque. Étienne Marcel, le vendeur du scooter, encaisse aussitôt le chèque et s'offre un voyage au Mexique.

3 Complétez les mentions manquantes.

Alice a un **compte** à la banque Azur. Mais ce compte est à **découvert**. Elle doit demander un **crédit** à son **banquier**, qui accepte de lui **accorde** la totalité de la somme. Alice paye le scooter par **chèque**. Le vendeur du scooter **encaisse** immédiatement le chèque. Alice devra **payer** en cinq ans la somme qu'elle a **emprunté** à la banque. Le taux d'**intérêt** s'élève à 6 %.

4 ✏️ Voici ci-dessous les différentes parties d'une lettre. Elles sont dans le désordre.
Mettez-les dans l'ordre. Puis écrivez cette lettre au format A4, selon la présentation de la lettre de la banque Azur, page 10.

le, la, lui

Choisissez le pronom qui convient.
1. Elle *(le, lui)* demande un crédit.
2. Il *(la, lui)* connaît bien.
3. Il *(la, lui)* répond favorablement.
4. Elle *(le, lui)* remercie vivement.
5. Elle *(le, lui)* remboursera la totalité.
6. Elle *(l', lui)* achète un scooter.
7. Elle *(le, lui)* remet un chèque.
8. Il *(l', lui)* invite au restaurant.
9. Elle *(le, lui)* connaît à peine.
10. Elle *(l', lui)* amène sur son scooter.

→ **Voir page 102.**

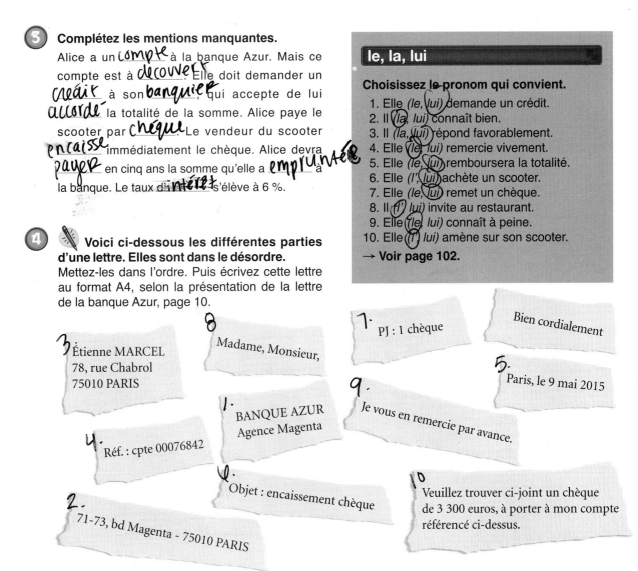

3 Étienne MARCEL
78, rue Chabrol
75010 PARIS

8 Madame, Monsieur,

7 PJ : 1 chèque

Bien cordialement

1 BANQUE AZUR
Agence Magenta

5 Paris, le 9 mai 2015

9 Je vous en remercie par avance.

4 Réf. : cpte 00076842

6 Objet : encaissement chèque

10 Veuillez trouver ci-joint un chèque de 3 300 euros, à porter à mon compte référencé ci-dessus.

2 71-73, bd Magenta - 75010 PARIS

4 Défense du consommateur

 Le rôle principal du consommateur est de consommer.

a. Lisez la leçon du jour ci-contre.

b. Les affirmations suivantes sont fausses. Corrigez l'erreur en remplaçant les mots en italique par d'autres mots.

1. Les ménages doivent d'abord satisfaire leurs besoins *sociaux*. _vitaux_

2. Comme les consommateurs ne sont jamais satisfaits, les besoins sont *variables*. _illimités_

3. Les consommateurs ne peuvent pas satisfaire tous leurs *biens* car les *besoins* sont limités.

4. Les besoins d'un individu *sont identiques* d'un pays à l'autre. _variables_

 Martine travaille comme ingénieur dans une entreprise informatique.

Son salaire mensuel s'élève à 3 000 euros.
Elle est propriétaire d'une maison, qu'elle habite. Elle possède également un appartement, dont elle a hérité et qu'elle donne en location. Son locataire lui verse un loyer mensuel de 500 euros. Chaque mois, elle paye 660 euros d'impôt sur le revenu.
Martine, qui élève seule ses deux enfants, reçoit de l'État 160 euros d'allocations familiales.

a. De combien est-ce que Martine dispose chaque mois pour consommer ? (Autrement dit, quel est son revenu disponible ?)

b. Quelles sont les trois origines possibles du revenu d'un ménage ?

3 **Êtes-vous d'accord avec les affirmations suivantes ?**

1. D'une façon générale, nous consommons de plus en plus.
2. Nous avons plus de besoins aujourd'hui qu'il y a cinquante ans.
3. Aujourd'hui, nous consommons plus de loisirs qu'il y a cinquante ans.
4. Les jeunes ont plus de besoins que les personnes âgées.
5. La publicité crée des besoins et pousse à la consommation.
6. Les inégalités de revenus sont inévitables et même nécessaires.

Leçon du jour

La consommation des ménages

• Un ménage est un ensemble de personnes vivant sous un même toit. Grâce à leurs revenus, les ménages peuvent consommer. Ils acquièrent des biens et des services pour satisfaire leurs besoins : besoins vitaux (alimentation, logement), mais aussi besoins de confort, de loisirs, etc.

• Les besoins varient selon les époques, les pays, les catégories sociales, les individus, etc. Ils sont illimités car, par nature, l'homme n'est jamais satisfait. Les biens, au contraire, existent en quantité limitée.

qui, qu(e), dont, où, quoi

Complétez avec le pronom qui convient.

1. Voilà le magasin _____ je fais mes courses.

2. C'est quelqu'un _____ gagne et _____ dépense beaucoup d'argent.

3. C'est une époque _____ je me souviens bien.

4. Tu as trouvé le livre _____ tu cherchais ?

5. C'est un commerçant _____ j'apprécie l'honnêteté.

6. Tu penses à _____ ? A ton travail ?

7. Tu viens avec _____ ? Avec Pierre ?

8. C'est exactement ce _____ nous avons besoin.

9. Dites-moi ce _____ vous cherchez.

10. Je ne sais pas ce _____ vous intéresse.

11. Il a acheté un fauteuil _____ je trouve très confortable. _armchair_

12. Les jours _____ elle ne travaille pas, elle fait les magasins.

→ **Voir page 106.**

4 Le texte suivant a été publié dans le journal d'une association de défense des consommateurs, à la rubrique « Courrier des lecteurs ».

[annotation: mail from readers]

Casseprix
Promotion *[annotation: published]* éclair

Dans une publicité parue dans le *Journal des affaires* du 3 mars, le magasin Casseprix proposait un appareil de photographie numérique Fuji F 802 au prix de 249 euros. Je me suis rendu le 5 mars chez Casseprix, mais cet article était vendu au prix de 395 euros. J'ai montré l'annonce publicitaire au vendeur, qui m'a répondu que j'arrivais trop tard. Puis-je obliger Casseprix à me vendre cet appareil au prix indiqué dans l'annonce ?

Hugo Léger, 56320 Priziac

Notre réponse : D'après la loi du 27 décembre 1973, la publicité ne doit pas contenir d'informations fausses. Écrivez une lettre recommandée au responsable du magasin. *[annotation: store manager]* Demandez-lui de vous vendre le produit au prix indiqué dans l'annonce. S'il refuse, menacez-le de le poursuivre en justice pour publicité mensongère. *[annotation: false media]*

N°503 · mai 2012
www.quechoisir.org

Vaincre le ronflement
Est-ce possible ? p.30

Robots ménagers TEST p.42

Imprimantes multifonctions TEST p.54

Barres de céréales TEST p.47

Lasures TEST p.26

L 12260-503-F · 4,40 €
DOM surface: 5,20 € · DOM avion: 5,60 € · TOM: 670 XPF

Crédit conso
Les banques abusent toujours p.38

Les nouvelles astuces des vendeurs de crédit

Boulangeries
Des gâteaux industriels à la pelle p.16

TEST **Ampoules longue durée**
2 sur 3 ne tiennent pas la durée promise p.20

Vrai ou faux ?

1. Le 5 mars, Hugo Léger a rencontré le responsable du magasin. *[réponse manuscrite : Faux]*

2. La loi du 27 décembre 1973 concerne la publicité mensongère. *[réponse manuscrite : Vrai]*

3. Dans sa réponse, le journal conseille à Hugo Léger de poursuivre immédiatement Casseprix en justice. *[réponse manuscrite : faux Vrai]*

5 En cas de poursuites judiciaires (en justice), que pourrait dire Casseprix pour se défendre ? Quels seraient les arguments de Hugo Léger ?

6 Hugo Léger décide d'écrire une lettre de réclamation au magasin Casseprix.

a. Retrouvez dans le document ci-contre les mots qui signifient *mais, donc, sinon*.

b. Mettez-vous à la place de Hugo Léger et, à l'aide de ce document, écrivez la lettre.

Hugo Léger
3 impasse du Lac
56320 PRIZIAC

CASSEPRIX
67, route de Bretagne
56300 GOURIN

Priziac, le ...

Objet : ...
A l'attention d(e) ...

....,

Dans votre annonce publicitaire..., vous...
Or, quand je suis passé hier dans votre...
D'après la loi du 27 décembre 1973...
En conséquence, je vous demande de...
Dans le cas contraire, je serais...
Je reste...
Veuillez...

Hugo Léger

→ **Expressions de la correspondance professionnelle, pages 114 et 115.**

5 Rôle de l'État

1 **L'État a un double rôle.**

a. Lisez la leçon du jour ci-contre.

b. Les affirmations suivantes sont fausses. Pour chacune d'elles, corrigez l'erreur en remplaçant le mot en italique par un autre mot.

1. L'État *redistribue* des services publics, notamment dans le domaine de l'éducation. *[vend]*

2. Il répartit les richesses en prélevant des impôts aux *chômeurs* pour donner aux retraités. *[actifs]*

3. Il finance ses dépenses grâce aux *services* qu'il perçoit. *[impôts]*

4. Il pratique une politique de déficit public en *gagnant* plus qu'il ne perçoit. *[dépensant]*

2 **Les phrases suivantes forment un texte. Elles sont dans le désordre. Mettez-les dans l'ordre.**

[4] C'est le cas de l'impôt sur le revenu, qui est directement versé à l'État.

[2] Ils sont de deux sortes : les impôts directs et les impôts indirects.

[3] Les impôts directs sont payés directement par le contribuable.

[5] Les impôts indirects sont payés par le contribuable à un intermédiaire qui les reverse ensuite à l'État.

[1] Les impôts sont les principales recettes de l'État.

[6] Par exemple, la taxe à la valeur ajoutée (TVA) est collectée par le commerçant, qui la reverse ensuite à l'État.

3 **Êtes-vous d'accord avec les affirmations suivantes ? Pourquoi ?**

L'État doit :

1. subventionner (aider) les entreprises en difficulté.

2. entretenir une armée.

3. verser des indemnités aux chômeurs.

4. construire des écoles et des hôpitaux.

5. se charger du transport ferroviaire (par chemin de fer).

6. fixer un salaire minimum garanti.

Le rôle et le financement de l'État

• Le rôle de l'État est double :

– Il rend des services publics à la **collectivité** dans de nombreux domaines : police, défense, justice, santé, éducation, etc.

– Il **redistribue** les revenus : pour cela, il prélève (prend) aux **actifs** (les personnes qui travaillent) pour donner aux chômeurs et aux retraités, aux riches pour donner aux pauvres, etc.

• L'État gagne de l'argent grâce aux impôts (taxes) qu'il perçoit. Quand l'État dépense plus qu'il ne gagne, on dit qu'il y a **déficit public**.

la forme passive

1. Une seule des phrases suivantes est au passif. Laquelle ?

1. Le ministère des Finances est installé à Bercy.
2. Le Président s'est déplacé en métro.
3. Cette entreprise est subventionnée par l'État.
4. Le conseil des ministres s'est réuni mercredi matin.

2. Récrivez les phrases suivantes au passif.

1. L'État paye les fonctionnaires.
2. L'État payait les fonctionnaires.
3. L'État a payé les fonctionnaires.
4. L'État paiera les fonctionnaires.
5. L'État va payer les fonctionnaires.

3. Mettez les phrases suivantes au passif. Attention aux temps et aux accords !

1. L'État rend des services publics.
2. Les commerçants collectent la TVA.
3. Les experts prévoyaient un déficit public important.
4. L'État a fixé un salaire minimum.
5. L'État va financer la construction de cette école.

→ **Tableau des conjugaisons, page 111.**

4 Le libéralisme défend la libre entreprise, la libre concurrence et les initiatives individuelles. Les partisans du libéralisme – les libéraux – sont opposés à l'intervention de l'État dans l'activité économique.
Lisez les déclarations des trois personnes ci-dessous. Laquelle est favorable au libéralisme ?

Jean-Jacques, sans emploi. Il pense que l'État devrait davantage aider les chômeurs.

Juliette, professeur d'économie. « L'État est comme un chef d'orchestre. Sans lui, c'est un peu le désordre », explique-t-elle.

Clémentine, chef d'entreprise. Selon elle, l'État empêcherait les entreprises de se développer librement.

5 Ces trois personnes échangent leur opinion sur un forum Internet.
À votre avis, quel est l'auteur de chacun des messages ci-dessous ?
Que pensez-vous des idées exprimées ?

Forums

Accueil   Qui est connecté ?   Mode d'emploi et règles de conduite   Autres forums

Quel rôle pour l'État ?

Message de ...
Juliette

L'État a un rôle d'arbitre. Il doit laisser les acteurs économiques jouer librement. Mais quand c'est nécessaire, il doit intervenir pour mettre un peu d'ordre.

Message de ...
Clémentine

À mon avis, les fonctionnaires sont presque tous des paresseux, des incompétents, des casse-pieds. Franchement, je crois qu'ils ne servent à rien. Sans l'État, on travaillerait et on vivrait plus tranquillement.

Message de ...
Jean Jacques

Je crois qu'il est urgent d'augmenter les impôts des riches, de nationaliser les grandes entreprises, de lutter contre la mondialisation. Qu'en pensez-vous ?

6 Réagissez au forum en rédigeant un message de 100 mots environ.

Message de ...

Bilan de compétences

A. Lire

 Vous connaissez peut-être ces économistes.

Adam Smith 3
(1723-1790), professeur et économiste *scottish* écossais théoricien du libéralisme. Libre-échange et concurrence sont pour lui les principes fondamentaux de la politique économique. ■

John Maynard Keynes 4
(1883-1946), économiste et financier anglais. Tout en préservant les principes du libéralisme, il préconisa l'intervention de l'État afin d'assurer le plein-emploi. ■

Karl Marx 1
(1818-1883), philosophe et économiste allemand, auteur du célèbre *Manifeste du parti communiste*. ■

Jean Monnet 2
(1888-1979), économiste et homme politique français. Il eut un rôle décisif dans la création de l'Europe unie. ■

À votre avis, lequel de ces économistes pourrait être l'auteur de chacune des déclarations suivantes ?

1. « À cause du capitalisme, le monde est en crise, mais les choses finiront par changer. C'est inévitable. J'ai démontré scientifiquement que le capitalisme était condamné à disparaître. La lutte des classes continue, et le prolétariat vaincra la bourgeoisie. »

2. « Après la Seconde Guerre mondiale, il était devenu urgent d'organiser une économie de paix. Pour cela, il fallait unir les peuples pour les empêcher de se battre, il fallait créer des liens forts avec nos voisins, et je pense d'abord aux liens économiques. »

3. « Laissez passer les choses, laissez faire les hommes. Les prix et les salaires se fixeront naturellement, sans l'intervention de l'État. La loi du marché est toujours préférable à celle de l'État. »

4. « Je ne suis pas l'ennemi du profit et de l'entreprise. Je crois seulement qu'en temps de crise, l'État doit intervenir pour relancer l'activité économique. Pour cela, il dispose de nombreux moyens. Par exemple, il peut réaliser de grands travaux, redistribuer les revenus, verser des aides à l'investissement et à la consommation. »

2 **Les articles suivants sont extraits de la presse économique.**
Lisez-les. Donnez un titre commun à ces différents articles. Quels problèmes soulèvent-ils ?

oil spill

TÉMOIGNAGE
400 000 Tonnes de pétrole
arrivent sur la plage

Je me suis réveillé de bonne heure en ce dimanche 26 décembre 1999. Lorsque mes parents m'ont annoncé que le pétrole était sur nos côtes, je ne pouvais pas y croire. Pourtant c'était la vérité. En arrivant devant la plage, je n'ai vu que du noir. Une trentaine d'oiseaux étaient déjà morts. Je surfe depuis l'âge de 14 ans. Quelle *wailing* lamentation, quel dégoût, quelle rage !

Comment peut on, au XXIe siècle, arriver à gâcher notre planète de cette façon !

low paying jobs

LES BALLONS DU PAKISTAN

Ijaz Shah ne voit nulle magie dans le football. À dix ans, il n'y a jamais joué. Il ne connaît pas les stars de la dernière Coupe du monde. Un ballon, pour lui, c'est trente deux panneaux qu'il faut assembler au moyen de dix-huit mètres de fil et de sept cents points de couture. À raison de sept à huit heures par jour, Ijaz fabrique deux ballons par jour. Pour chaque ballon, il gagne un demi euro. Ce même ballon sera vendu en Europe près de 40 euros.

loss of jobs

PHILIPS poursuit la délocalisation de sa production

« Des milliers de postes vont être supprimés et nous produirons de moins en moins en Europe »,
révèle le P-DG de Philips. Le groupe d'électronique néerlandais poursuit ainsi son programme d'économies. La production européenne sera peu à peu transférée vers des pays d'Amérique centrale ou d'Asie, choisis pour le faible coût de leur main-d'œuvre.

work force

Shell part en guerre contre la corruption...

La corruption est-elle un mal nécessaire dans le commerce international ? « *Oui* », répond franchement Michel Bontemps, consultant au cabinet Diano. D'après lui, « *les entreprises multinationales ne vendent pas seulement grâce à la qualité de leur produit. Dans certains pays, ces entreprises n'ont pas le choix : pour gagner un marché, elles doivent verser des commissions aux fonctionnaires de ces pays.* » Pourtant, l'entreprise pétrolière Shell a adopté un règlement qui interdit la pratique du pot de vin. « *Chez nous,* *Bribes* explique-t-on chez Shell, *celui qui verse un pot de vin à un fonctionnaire étranger est viré sur-le-champ* ». Michel *fired* Bontemps commente : « *J'ai de sérieux doutes sur l'efficacité de cette règle dans la pratique* ».

...

BAN

international Bribes

B. 🎧 Écouter

Vous allez entendre deux conversations.

a. Avant d'écouter chacune de ces conversations, lisez les questions ci-dessous.

b. Écoutez la conversation.

c. Répondez aux questions.

Conversation 1

1 Cette conversation a-t-elle lieu à Paris ?
- ☐ Oui
- ☐ Non
- ☐ On ne peut pas savoir.

2 Quel est le type de travail de la personne interrogée ?
- ☐ Administratif.
- ☐ Commercial.
- ☐ Technique.

3 Combien de personnes travaillent dans son entreprise ?
- ☐ Moins de 60.
- ☐ 60 exactement.
- ☐ Plus de 60.

4 Combien de magasins possède cette entreprise ?
- ☐ 3
- ☐ 4
- ☐ 5

5 Quel article peut-on probablement trouver dans ces magasins ?
- ☐ Un aspirateur.
- ☐ Une paire de chaussures.
- ☐ Un téléphone.

6 La personne interrogée est-elle toujours satisfaite de son travail ?
- ☐ Oui
- ☐ Non
- ☐ On ne peut pas savoir.

7 Au total, combien de questions a posé l'enquêtrice ?
- ☐ 4
- ☐ 5
- ☐ 6

Conversation 2

1 Où a probablement lieu cette conversation ?
- ☐ Dans un appartement.
- ☐ Dans un magasin.
- ☐ Dans une voiture.
- ☐ On ne peut pas savoir.

2 Quel jour de la semaine a été publiée l'offre promotionnelle de l'aspirateur Tornade ?
- ☐ Un lundi.
- ☐ Un mardi.
- ☐ Un mercredi.
- ☐ Un jeudi.

3 Pour combien de temps était offerte la promotion de l'aspirateur Tornade à 99 euros ?
- ☐ Pour un jour.
- ☐ Pour deux jours.
- ☐ Pour trois jours.
- ☐ Pour une durée indéterminée.

4 Au moment de cette conversation, combien coûte l'aspirateur Tornade ?
- ☐ 99 euros
- ☐ 110 euros
- ☐ 150 euros
- ☐ 160 euros

5 Que va faire Florent Zimmerman ?
- ☐ Il va acheter un aspirateur Tornade.
- ☐ Il va acheter un autre modèle.
- ☐ Il ne veut plus acheter d'aspirateur.
- ☐ On ne peut pas savoir.

6 À quelle date a lieu cette conversation ?
- ☐ Le 3 mars
- ☐ Le 4 mars
- ☐ Le 5 mars
- ☐ Le 6 mars

C. ✒ Écrire

Les messages ci-dessous sont extraits d'un forum Internet. Lisez-les.

Rédigez votre propre message. Vous pouvez imaginer un personnage ou une profession.

| Accueil | Qui est connecté ? | Mode d'emploi et règles de conduite | Autres forums |

Pourquoi le poulet a-t-il traversé la route ?

Message de : Marie-Odile, institutrice	Parce qu'il voulait aller de l'autre côté.
Message de : Karl Marx, économiste	Parce qu'il voulait aller de l'autre côté.
Message de : Martin Luther King, pasteur	Je vois un monde où tous les poulets sont égaux et libres de traverser la route comme ils veulent.
Message de : Vincent Seguin, militaire d'infanterie	Le poulet n'a pas traversé la route. Je répète : « Il n'a pas traversé la route ».
Message de : Rémi Daudet, chercheur	Pour découvrir de nouveaux lieux.
Message de : Bill Gates, chef d'entreprise	Je viens de lancer MSChicken 2010 : lui, non seulement traverse les routes, mais il pond aussi des œufs, fait des calculs, et classe les documents.
Message de : Albert Einstein, physicien	La question de savoir si le poulet a traversé la route ou si la route a bougé dépend de votre point de vue.
Message de : Ernest Andersen, consultant	Le poulet devait faire face à des défis très importants pour affronter la concurrence. Ernest Andersen l'a aidé à employer ses capacités, méthodes, connaissances, capital et expériences pour traverser la route. Avec une équipe multidisciplinaire d'analystes des routes et de producteurs avicoles, les consultants d'Ernest Andersen ont travaillé pendant deux jours. Tout en respectant les valeurs principales du poulet, une solution de qualité totale a été trouvée : le poulet a pu modifier sa trajectoire et partir sur de nouvelles bases.
Message de :	

D. Parler

JOUEZ À DEUX

Deux personnes A et B parlent de l'évolution de la consommation en France, de 1950 à aujourd'hui. Elles analysent et commentent l'évolution des coefficients budgétaires, c'est-à-dire du pourcentage du budget des ménages consacré à telle ou telle consommation : habillement, alimentation, logement, etc.

Personne A : Consultez le dossier 2, page 90.

Personne B : Consultez le dossier 3, page 94.

Créer
Reprendre
une entreprise

Clubs des Créateurs et

Créateurs d'entreprise

1 Profil de créateur

1 Le texte ci-dessous fait le portrait-robot du créateur d'entreprise en France.

PORTRAIT DU CRÉATEUR D'ENTREPRISE

Il a travaillé pendant dix ans dans une entreprise de taille moyenne. À 33 ans, il démissionne pour créer son entreprise. Il est marié, avec des enfants. Ses parents sont commerçants. Sa femme, ses parents, ses amis l'encouragent. Il est en excellente santé.

Simon a 23 ans. Il vient de terminer ses études d'ingénieur. Pour l'instant, il habite à Paris avec ses parents.

« Mon père est fonctionnaire et il voudrait que j'entre, comme lui, dans l'administration. Je vais bientôt me marier. Je voudrais créer mon entreprise. »

a. Lisez la déclaration de Simon ci-contre.

b. À votre avis, Simon a-t-il le profil d'un créateur d'entreprise ? Pourquoi ?

2 Imaginez le créateur d'entreprise idéal dans votre pays.

D'après vous, quelles seraient ses réponses au questionnaire suivant ? Pourquoi ? Choisissez une seule réponse.

1. Votre motivation principale pour créer une entreprise :
- ☒ l'indépendance
- ☐ le statut social
- ☐ l'argent

2. On dit que vous êtes :
- ☐ honnête
- ☐ réaliste
- ☒ passionné

3. Votre tâche sera longue et difficile. Pas de problème :
- ☐ vous êtes diplômé.
- ☒ vous êtes persévérant.
- ☐ vous êtes cultivé.

4. Les obstacles :
- ☐ ils vous perturbent.
- ☐ ils vous paralysent.
- ☒ ils vous stimulent.

5. Pour entreprendre, il faut d'abord :
- ☒ être riche.
- ☒ être créatif.
- ☐ avoir des relations.

6. Vous rencontrez un problème juridique. Pas de problème :
- ☐ vous connaissez bien la loi.
- ☒ vous commencez par étudier le problème vous-même.
- ☒ vous consultez un juriste.

3 Sébastien Passy a créé *Jeuxvidéo.com*, un magazine Internet sur les jeux vidéo. L'article suivant raconte son histoire. Lisez cet article.

Indiquez ce que répondrait Sébastien Passy au questionnaire de la page 20. Expliquez pourquoi.

Profil d'un créateur

Sébastien Passy a fait ce que beaucoup rêvent de faire : transformer une passion en activité professionnelle.

À l'âge de 12 ans, Sébastien Passy passe déjà ses journées dans les jeux vidéo. Plus tard, il travaille comme informaticien dans une entreprise, et il continue à jouer. C'est à cette époque qu'il a une idée : « *J'ai réalisé que les joueurs s'arrêtaient souvent au même endroit d'un jeu vidéo. Pour les aider à avancer, j'ai rassemblé des astuces dans une disquette que je distribuais à mes connaissances.* », raconte-t-il. La presse spécialisée s'intéresse à ses astuces. C'est de cette idée que va naître son entreprise.

tip

floppy disk —

À 25 ans, il décide de quitter son emploi pour créer avec deux amis *Jeuxvidéo.com*, un magazine en ligne qui donne des milliers d'informations sur les jeux vidéo. « *Je voulais être mon propre patron* », commente-t-il.

On prévient les jeunes gens que « *créer une entreprise n'est pas un jeu* ». Message reçu. Les trois associés ne se découragent pas. Au contraire, ils sont plus motivés que jamais. Sébastien Passy s'intéresse surtout à la technique, mais il veut aussi comprendre les aspects juridiques, financiers, commerciaux de l'affaire.

Aujourd'hui, avec une moyenne de 80 millions de pages vues chaque mois, *Jeuxvidéo.com* bat des records de fréquentation et, grâce aux recettes de la publicité et du commerce électronique, gagne de l'argent. ∎

beat records

Source : *Les Échos.*

4 ✏ Relisez la déclaration de Simon à l'exercice 1. Maintenant, imaginez la situation dix ans plus tard : Simon a 33 ans.

Que fait-il ? Qu'a-t-il fait ? Écrivez son histoire en un texte de 200 mots environ.

Le passé composé et l'imparfait

Récrivez le texte suivant au passé. Mettez les verbes en italique au passé composé ou à l'imparfait.

Bernard et Roger : histoire d'un divorce

Bernard et Roger *sont* deux collègues de travail qui *s'apprécient* beaucoup. Bernard *a* l'habitude de raconter des histoires qui *font* beaucoup rire Roger. Un jour, ils *démissionnent* pour créer ensemble une entreprise. Au début, tout *va* bien. Mais le 3 septembre dernier, Roger et Bernard *se disputent* violemment. Roger, qui ne *supporte* plus les histoires drôles de son associé, *préfère* partir.

→ **Voir page 103.**

2 Recherche de capitaux

① **Pour créer une entreprise, il faut commencer par acheter ou louer un local, du matériel, etc. Pour cela, le créateur d'entreprise doit trouver de l'argent.**

a. Lisez la leçon du jour.

b. Les affirmations ci-dessous sont fausses. Corrigez les erreurs en remplaçant les mots en italique par d'autres mots.

d'emprunter

1. Le créateur d'entreprise a la possibilité de *prêter* à la banque.

apportent

2. Les associés *empruntent* des capitaux à la société.

associés

3. Le capital social est constitué de l'ensemble des capitaux apportés par les *partenaires. capitaux sociaux*

4. Avec l'autofinancement, l'entreprise utilise *le capital social* pour se développer. *ses bénéfices*

5. Grâce à l'autofinancement, l'entreprise peut *emprunter* davantage.

investir

② **Les caractéristiques suivantes correspondent-elles à un apport ou à un emprunt de capitaux ?**

*Ex. : Un **emprunt** endette la société.*

1. Un *emprunt* entraîne le paiement d'intérêts.

2. Un *emprunt* oblige la société à rembourser un jour.

3. Un *apport* augmente les capitaux appartenant à la société.

4. Un *apport* permet à la société d'emprunter davantage.

③ **Le créateur d'entreprise peut utiliser le crédit-bail (ou leasing). Il loue le matériel, généralement pour une durée minimale. Plus tard, s'il le souhaite, il pourra l'acheter.**

À votre avis, quel est l'avantage du crédit-bail pour le créateur d'entreprise ?

④ **Voici des citations concernant l'argent. Pouvez-vous expliquer leur signification ?**

1. Le temps, c'est de l'argent.
2. On ne prête qu'aux riches.
3. L'argent ne fait pas le bonheur

Leçon du jour

Les moyens de financement

• Pour trouver de l'argent, le créateur d'entreprise peut :
– emprunter à d'autres personnes, et en particulier aux banques ;
– apporter eux-mêmes des capitaux. Les personnes qui font un apport de capitaux à une société sont des associés et l'ensemble des capitaux apportés s'appelle le capital social (le capital de la société).

Attention : il faut bien distinguer l'emprunt et l'apport.

• Plus tard, si la société fait des bénéfices, elle pourra recourir à l'autofinancement, c'est-à-dire utiliser ces bénéfices pour investir (= acheter des biens d'équipement comme un bien immobilier, du matériel de transport, des machines, etc.)

---

le, la, les, un, une, des, du, de la (l')

1. Complétez avec un article.

Dans _____ entreprise Cortexte, il y a _____ grand bureau.

En ce moment, dans _____ grand bureau, il y a _____ homme qui dort.

C'est _____ patron de _____ entreprise Cortexte. Il est fatigué.

2. Complétez avec un article.

1. Alice a _____ dettes parce qu'elle a contracté _____ emprunt de 3 000 euros à _____ banque Azur.

2. On dit que Roger a _____ argent sur _____ compte bancaire dans _____ banque suisse.

3. Pour réussir dans _____ affaires, il faut _____ intuition, _____ relations, _____ courage, _____ chance.

4. Avec _____ endettement de deux millions d'euros, _____ entreprise Cortexte connaît actuellement _____ difficultés financières importantes.

→ **Voir page 101.**

5 **Il y a huit ans, Sandrine a ouvert le restaurant *Le Galibot*.**

Elle a investi dans cette affaire la totalité de ses économies : 50 000 euros. De plus, elle a emprunté 10 000 euros à des amis et 30 000 euros à la banque.

Quel est le montant :
– des capitaux apportés ?
– des emprunts ?
– de l'investissement total ?

6 **Depuis huit ans, *le Galibot* s'est modernisé.**
Le matériel a été totalement renouvelé. Sandrine n'a eu besoin ni d'emprunter ni d'investir son propre argent.
Comment a-t-elle pu financer ces nouveaux investissements ?

7 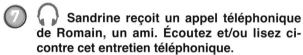 **Sandrine reçoit un appel téléphonique de Romain, un ami. Écoutez et/ou lisez ci-contre cet entretien téléphonique.**
Les affirmations suivantes sont-elles vraies ou fausses ?

1. Romain envisage de créer un restaurant.
2. Il prête 8 000 euros à Sandrine.
3. Il a déjà emprunté à la banque.
4. Il demande à Sandrine de devenir son associée.

8 **À quel endroit de cette conversation téléphonique pouvez-vous placer les expressions suivantes :**

1. c'est elle-même
2. j'espère
3. mais ce n'est pas suffisant
4. il n'y a pas de quoi.
5. et merci encore

9 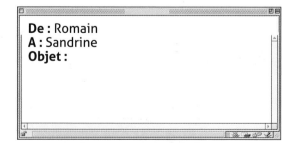 **Imaginez qu'au lieu de téléphoner, Romain envoie un e-mail à Sandrine. Mettez-vous à sa place et écrivez cet e-mail.**

De : Romain
A : Sandrine
Objet :

SANDRINE :	Restaurant *Le Galibot*, bonjour.
ROMAIN :	Bonjour, c'est Sandrine ?
SANDRINE :	Oui, oui.
ROMAIN :	C'est Romain à l'appareil.
SANDRINE :	Ah ! Romain ! Qu'est-ce que tu deviens ? Comment vont les affaires ?
ROMAIN :	Ça va, ça va, beaucoup de travail, il reste encore trois chambres à rénover.
SANDRINE :	Quand est-ce que tu ouvres ?
ROMAIN :	Dans un mois, quand les travaux seront terminés.
SANDRINE :	Tu as trouvé l'argent ?
ROMAIN :	J'ai obtenu un crédit de la banque, et c'est justement pour ça que je t'appelle. Est-ce que…
SANDRINE :	Attends, laisse-moi deviner. Je parie que tu as besoin d'argent.
ROMAIN :	Exactement. Est-ce que tu pourrais me prêter 8 000 euros ? Je te rembourse dans six mois.
SANDRINE :	Pas de problème ! Veux-tu que je t'envoie un chèque ?
ROMAIN :	Très bien. Tu es formidable, merci.
SANDRINE :	À la prochaine, alors.
ROMAIN :	Au revoir.

3 Lieu d'implantation

1 Lisez la leçon du jour. Puis complétez, en vous justifiant, les phrases suivantes, extraites d'une note de service.

1. Les travaux seront terminés _____
☑ le 5 octobre
☐ très bientôt

2. Une _____ nettoie les bureaux le soir.
☐ femme de ménage
☑ technicienne de surface j a m b o R

3. Elle prend un congé _____.
☐ d'une durée de trois semaines
☑ de trois semaines

2 Une femme d'affaires parisienne, Jeanne Valette, envoie l'e-mail suivant à une agence immobilière, située à Bruxelles.

a. Lisez ce message.

b. Ce message contient beaucoup d'informations ou de mots inutiles. Citez deux exemples.

c. Soulignez la phrase la plus importante.

Objet : RE : location de boutique

Madame,

Je vous écris pour vous dire que mon associé, Pierre Masson, et moi-même avons toujours l'intention d'ouvrir une boutique en Belgique et que nous avons donc étudié avec attention vos trois propositions de locaux que vous nous avez gentiment envoyées.

Nous souhaiterions tous les deux aller à Bruxelles et visiter ces trois locaux. Comme mon associé est en voyage en Italie jusqu'à vendredi, nous ne pouvons pas y aller cette semaine. Nous prendrons donc le train lundi prochain, à 7 h 07, à la gare du Nord de Paris. Nous vous proposons de vous rencontrer à votre agence, lundi 22 octobre, tôt dans la matinée, à 9 heures. Ensuite, nous pourrons faire ensemble les visites. Il va sans dire que nous devrons repartir pour Paris en fin de matinée, car nous avons beaucoup de travail.

Nous restons maintenant dans l'attente de votre réponse.

Bien à vous,
Jeanne Valette

---

3 Cet e-mail de Jeanne Valette comprend environ 150 mots.

Supprimez les mots et les phrases inutiles et récrivez un texte de 50 mots environ.

Objet : RE : location de boutique

4 **Lisez l'annonce ci-contre, extraite du site Internet d'une agence immobilière.**

Cette annonce contient-elle les réponses aux questions suivantes ? Si oui, indiquez la réponse.

1. Où se trouve le bureau à louer ?
2. Quelle est sa superficie ?
3. Le bureau est-il en bon état ? Est-il clair ? Donne-t-il sur une rue ?
4. Combien d'étages a l'immeuble ?
5. Quel est le prix du loyer au mètre carré ?

5 **Jules Corbeau appelle Emma Leroy, de la Maison de l'immobilier.**

Écoutez et/ou lisez l'entretien téléphonique. Quel type de bureau recherche monsieur Corbeau ?

Mme Leroy :	La Maison de l'immobilier, bonjour.
M. Corbeau :	Bonjour, je voudrais parler à Mme Leroy, s'il vous plaît ?
Mme Leroy :	C'est elle-même.
M. Corbeau :	Je vous appelle au sujet d'un bureau à louer dans le 15e arrondissement. Est-ce qu'il serait possible de le visiter ?
Mme Leroy :	Je regrette, monsieur, mais nous venons justement de trouver un locataire. Que recherchez-vous exactement ?
M. Corbeau :	Un bureau spacieux. Près de la tour Eiffel, si possible, et bien sûr, dans un immeuble de standing.
Mme Leroy :	Quel loyer envisagez-vous de payer ?
M. Corbeau :	Au maximum 2 000 euros.
Mme Leroy :	Pouvez-vous me laisser vos coordonnées ?
M. Corbeau :	Bien sûr, je suis au 01 45 67 08 77. Je m'appelle Jules Corbeau.
Mme Leroy :	C'est noté, monsieur Corbeau, je vous appellerai dans la semaine.
M. Corbeau :	C'est très aimable à vous.
Mme Leroy :	À votre disposition.

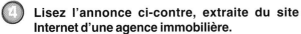

Référence produit : NJ 00998

LOCATION bureau 40 m^2
Ville : Paris 15e arrondissement

DESCRIPTION :
Dans immeuble 1930, avec ascenseur, local calme sur cour au 3e étage, proximité tour Eiffel, excellent rapport qualité-prix.

Loyer mensuel : 2 000 euros

La Maison de l'immobilier
5, rue de la Fidélité - 75010 PARIS
Tél. : 01 47 80 10 99.
Fax : 01 47 80 10 75
Contactez Mme Leroy

6 **Imaginez qu'au lieu de parler au téléphone, M. Corbeau et Mme Leroy échangent des e-mails.**

Écrivez :

a. le premier e-mail envoyé par M. Corbeau.

b. la réponse de Mme Leroy à ce premier e-mail.

c. le deuxième e-mail de M. Corbeau.

d. la réponse de Mme Leroy à ce deuxième e-mail.

JOUEZ À DEUX ● ● ● ● ●

Charlotte et Emilie veulent ouvrir un petit restaurant à Paris, de type restauration rapide (fast-food). Une spécialité : les tartes (salées et sucrées). Clientèle visée : les touristes. Elles cherchent un local de 60 m^2 environ (dont cuisine 15 m^2). Elles souhaiteraient payer un loyer mensuel d'environ 2 500 euros.

Personne A : Consultez le dossier 3, page 90.
Personne B : Consultez le dossier 2, page 94.

Choix de société

4

1 **Parmi les sociétés commerciales de droit français, la société à responsabilité limitée (SARL) et la société anonyme (SA) sont les plus courantes.**
Consultez le tableau ci-dessous. Puis dites si les affirmations suivantes concernent la SARL ou/et la SA.

	SARL	SA
Combien d'associés ?	2 au moins 50 au plus	7 au moins
Capital social ?	Le capital social est constitué de tout ce que les **associés** ont **apporté** à la société. Les associés peuvent faire un **apport en nature** (en apportant, par exemple, un local, une machine, etc.) ou **en numéraire** (en apportant de l'argent).	
	Minimum : 1 euro. Le capital est divisé en « **parts sociales** ».	Minimum : – 37 000 euros ; – ou 225 000 euros si la société **fait appel public à l'épargne** (est **cotée en Bourse**). Le capital est divisé en « **actions** ». Les associés sont aussi appelés « **actionnaires** ».
Qui gère la société ?	Un ou plusieurs **gérants**, associés ou non, désignés par les associés.	La société peut être gérée de deux façons : – soit par un **conseil d'administration**, composé de 3 à 12 **administrateurs**, avec, à sa tête, un **P-DG** (président-directeur général) ; – soit par un **directoire** (2 à 5 membres).
Qui contrôle la gestion ?	Les associés réunis une fois par an en **assemblée générale**.	
		En cas de gestion par un directoire, un **conseil de surveillance** (3 à 12 membres) exerce un contrôle permanent sur le directoire.
Responsabilité des associés ?	Ils ne sont pas responsables des **dettes** de la société. Autrement dit, les **créanciers** ne peuvent pas demander aux associés de payer personnellement les dettes de la société.	

	SARL	SA
1. Elle convient bien aux petites entreprises.	☑	☐
2. Il est nécessaire de disposer d'un capital minimum.	☑	☑
3. Elle peut employer plus de 50 salariés.	☐	☑
4. Les associés peuvent apporter un bien en nature à la société.	☑	☑
5. Elle est parfois cotée en Bourse. → *Stock market*	☐	☑
6. En cas de faillite de la société, les associés perdent tout ce qu'ils ont apporté, mais ils ne perdent pas plus : leur responsabilité est limitée au montant de leur apport.	☑	☑

Bankruptcy

② **Les Établissements Avix, qui emploient 450 salariés, fabriquent du matériel électrique.**

Avix est une société anonyme au capital de 150 000 euros. M. Delors, le P-DG, qui possédait à lui seul les deux tiers du capital, a vendu la moitié de ses actions à la banque Azur. Par ailleurs, un tiers du capital est détenu par dix autres actionnaires.

a. À l'aide de ces informations, répondez aux questions a-g du questionnaire ci-contre.

b. La société est-elle cotée en Bourse ?

Non, need 225,000 euros

③ **Gabrielle souhaitait agrandir et moderniser son petit salon de coiffure, situé 34 place de la République, dans la ville de Pontivy.**

Il y a trois ans, Gabrielle a créé avec deux amies la SARL Tendance, dont elle est maintenant la gérante. Elle a apporté à la SARL son salon de coiffure, estimé à 30 000 euros. Les deux amies ont fait un apport de 10 000 euros chacune. Quelques mois plus tard, Tendance a contracté un prêt bancaire de 15 000 euros. Aujourd'hui, le petit salon de coiffure est le plus grand et le plus chic de la ville.

a. À l'aide de ces informations, répondez pour Tendance aux questions a à g du même questionnaire.

b. Aujourd'hui, qui est propriétaire du salon de coiffure ?

c. Complétez l'extrait ci-contre des statuts de Tendance.

d. Combien de parts détient Gabrielle ?

JOUEZ À DEUX

• • • • •

> *Personne A* : Consultez le dossier 4, page 90.
> *Personne B* : Consultez le dossier 5, page 95.

QUESTIONNAIRE

a. Quelle est la forme juridique de l'entreprise ?

...... *SA* ...... *SARL*

b. Quelle est sa dénomination sociale ?
(Comment s'appelle la société ?)

...... *AVIX les établissements* ...... *Tendance*

c. Quel est l'objet social ?
(Que fait-elle ?)

...... *fabrique du matériel électrique* *salon de coiffure*

d. Combien y a-t-il d'associés *(ou actionnaires)* ?

...... *11 2* ......

e. Quel est le montant du capital social ?

...... *150,000 euros* ......

f. Qui dirige ?

...... *M. Delors* ......

g. Existe-t-il un conseil d'administration ?

☒ oui ☐ non

Statuts (extraits) de la société Tendance

Article 1. – Objet : La société a pour objet l'exploitation d'un _____.

Article 2. – Dénomination sociale : _____.

Article 3. – Siège social : Le siège social est établi à _____.

Article 7. – Capital social : Le capital social est fixé à la somme de _____ euros et divisé en cinq cents parts sociales de _____ euros chacune.

---

y, en

Complétez avec les pronoms *y* ou *en*.

L'année dernière, les deux associées de Gabrielle sont parties à Paris – et elles _____ sont encore. Elles _____ ont créé un autre salon de coiffure pour femmes. Comme Tendance, c'est une SARL. Elles _____ sont les deux seules associées.

→ **Voir page 102.**

5 Formalités de création

1 **Brigitte a créé une entreprise avec une associée.** Elles ont déjà rédigé les statuts de la société. Maintenant, elles doivent immatriculer (inscrire) la société au Registre du commerce et des sociétés. Pour cela, elles doivent déposer une demande d'immatriculation au Centre de formalités des entreprises (CFE). Brigitte se charge des formalités.

a. Le document ci-dessous explique ce que Brigitte a fait. Lisez ce document.

b. Quels petits problèmes a-t-elle rencontrés ?

1 Brigitte est devant son ordinateur. Elle vient de trouver sur Internet de nombreuses informations, et notamment la liste des pièces (documents) à fournir au CFE : copie (en double) des statuts de la société, attestation de l'ouverture d'un compte bancaire, attestation de la publication d'une annonce dans un journal d'annonces légales, etc.

qui n'a pas confiance

2 Brigitte est à la banque. Elle veut ouvrir un compte bancaire pour la société. L'employé est très méfiant : il lui demande quel est son niveau d'étude, quel est son état de santé, ce que font ses parents, quel est le chiffre d'affaires de son ancienne entreprise, quels sont ses clients, etc. Finalement, il accepte d'ouvrir un compte.

3 Brigitte est aux *Petites Affiches*, un journal d'annonces légales. Elle doit faire publier une annonce car tout le monde doit être informé de la création d'une nouvelle société. Contrairement à ce qu'on pourrait croire, tout se passe très bien : il n'y a aucune attente au guichet et l'employé est sympathique. Brigitte doit payer 120 euros pour l'annonce. « *C'est cher* », pense-t-elle.

4 Brigitte est au CFE. En arrivant, elle a tiré un numéro et elle attend maintenant que ce numéro soit appelé. Il lui reste à remplir plusieurs formulaires. C'est difficile : certaines parties sont incompréhensibles. Elle voudrait demander de l'aide à l'employé, mais elle hésite car il n'a pas l'air très aimable. Elle a apporté les documents. Pourvu qu'il ne manque rien !

let's hope nothing is missing

2 **En accomplissant ces formalités, Brigitte a prononcé les phrases suivantes.**

À votre avis, à quel moment a-t-elle prononcé ces phrases ? À qui s'adresse Brigitte ?

– « Je vous dois combien ? »
– « Vous pourriez me donner un coup de main ? »
– « Ils ont leur propre entreprise. »

3 **Brigitte vient de recevoir l'e-mail suivant.**

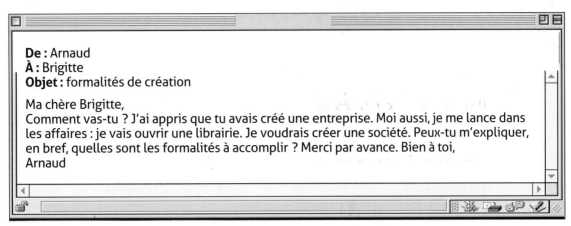

De : Arnaud
À : Brigitte
Objet : formalités de création

Ma chère Brigitte,
Comment vas-tu ? J'ai appris que tu avais créé une entreprise. Moi aussi, je me lance dans les affaires : je vais ouvrir une librairie. Je voudrais créer une société. Peux-tu m'expliquer, en bref, quelles sont les formalités à accomplir ? Merci par avance. Bien à toi,
Arnaud

a. Que veut faire Arnaud ? Que demande-t-il ? Pourquoi s'adresse-t-il à Brigitte ?

b. Arnaud pourrait très bien trouver une réponse à sa question sans s'adresser à Brigitte. Par quel moyen ?

4 **En réponse à la demande d'Arnaud, Brigitte s'apprête à envoyer l'e-mail suivant.**
Mais attention ! Elle est fatiguée et commet de nombreuses erreurs.
Il y a 15 fautes d'orthographe. Trouvez et corrigez ces 15 fautes.

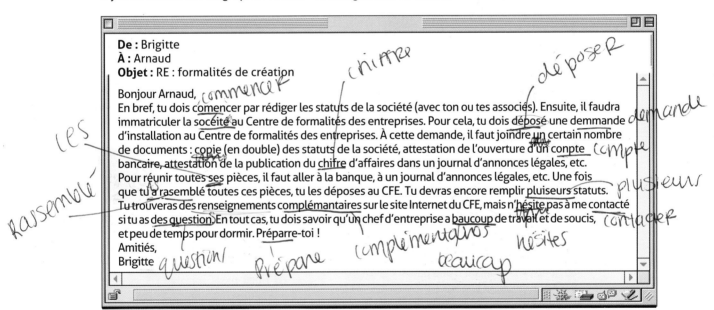

De : Brigitte
À : Arnaud
Objet : RE : formalités de création

Bonjour Arnaud,
En bref, tu dois comencer par rédiger les statuts de la société (avec ton ou tes associés). Ensuite, il faudra immatriculer la socété au Centre de formalités des entreprises. Pour cela, tu dois déposé une demmande d'installation au Centre de formalités des entreprises. À cette demande, il faut joindre un certain nombre de documents : copie (en double) des statuts de la société, attestation de l'ouverture d'un conpte bancaire, attestation de la publication du chifre d'affaires dans un journal d'annonces légales, etc.
Pour réunir toutes ses pièces, il faut aller à la banque, à un journal d'annonces légales, etc. Une fois que tu a rasemblé toutes ces pièces, tu les déposes au CFE. Tu devras encore remplir pluiseurs statuts.
Tu trouveras des renseignements complémentaires sur le site Internet du CFE, mais n'hésite pas à me contacté si tu as des question. En tout cas, tu dois savoir qu'un chef d'entreprise a baucoup de travail et de soucis, et peu de temps pour dormir. Préparre-toi !
Amitiés,
Brigitte

5 De plus, l'e-mail de Brigitte contient quatre informations inexactes. À l'aide du document de la page 28, trouvez et corrigez ces quatre erreurs.

6 Dans son e-mail, Brigitte ne dit rien sur les difficultés qu'elle a rencontrées.
Ajoutez des commentaires sur ces difficultés à certains endroits de l'e-mail.
Imaginez un autre problème que Brigitte aurait pu rencontrer et écrivez un petit texte.

La terminaison des verbes

Attention aux fautes d'orthographe !
Corrigez les fautes dans les verbes.

1. Nous commençons à 9 heures.
2. Nous mangons à midi pile.
3. Vous rappellez-vous son nom ?
4. Elle s'appele Brigitte.
5. Elle achete un journal.
6. J'espere que tu reussira.

→ **Tableau des conjugaisons, page 111.**

Bilan de compétences

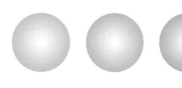

A. Lire

1 **Le plan d'entreprise, le fameux « business plan », est un dossier présentant le projet d'entreprise.** Il est généralement destiné à d'éventuels partenaires financiers : banques, sociétés de capital-risque, etc.

Lisez le texte ci-contre, puis les phrases suivantes. Quelle est la phrase qui résume le mieux le texte ?

1. Vous devez présenter un dossier clair et bien organisé.
2. Donnez aux investisseurs potentiels l'envie de vous lire.
3. Prenez soin de la présentation aussi bien que du contenu.
4. Expliquez l'essentiel, sans entrer dans les détails.
5. Soyez à la fois précis et concis.

2 **Le créateur d'entreprise doit informer le public qu'il a constitué une société.**

Pour cela, il doit publier une annonce dans un journal d'annonces légales. Lisez l'annonce ci-contre, publiée dans *les Petites affiches*, et répondez aux questions suivantes.

1. Comment s'appelle la société ?
2. De quel type de société s'agit-il ?
3. À quelle date les statuts sont-ils rédigés ?
4. Où se trouve cette société ?
5. Quel est son objet (activité) ?
6. Pour combien de temps est-elle constituée ?
7. Quel est le montant du capital ?
8. Quel est le montant d'une part sociale ?
9. Qui va diriger la société ?
10. Où sera-t-elle immatriculée ?

COMMENT ÉLABORER VOTRE « BUSINESS PLAN »

Créateurs d'entreprise, vous cherchez des investisseurs. Donnez-leur l'envie de lire votre business plan. N'écrivez pas plus d'une trentaine de pages et commencez par résumer l'essentiel de votre projet. Soignez la présentation. Organisez votre document en chapitres clairs. Offrez à vos lecteurs différents circuits de lecture : tableaux, photographies, titres de paragraphes, etc.

Montrez que vous avez réfléchi, que vous connaissez votre affaire, que vous savez où vous allez. Faites apparaître la valeur ajoutée de votre projet, présentez le marché visé (chiffres clés à l'appui), proposez des projections de votre activité à trois et cinq ans. Sachez concilier soin du détail et concision.

1254676 – « Petites Affiches »

Suivant acte sous seing privé en date du dix-huit mai 2015, il a été constitué une société à responsabilité limitée dénommée :

INFOTIQUE

Le siège social a été fixé à Lille, 180 rue Colbert.

Le capital social, constitué par des apports en numéraire, s'élève à 37 000 euros. Il est divisé en 1 000 parts sociales de 37 euros chacune.

La société a pour objet le conseil et la formation dans les domaines de l'informatique et du multimédia.

La société est gérée par Mme Brigitte LAFARGE, demeurant à Lille, 76, place Iéna.

Elle est constituée pour une durée de quatre-vingt-dix-neuf ans à compter de la date d'immatriculation au Registre du commerce et des sociétés.

La société sera immatriculée au Registre du commerce et des sociétés de Lille.

Brigitte Lafarge
Gérante

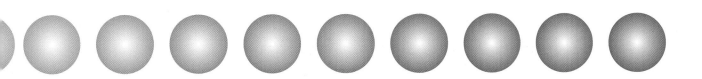

3 **Le document suivant est la page Internet d'un cabinet de consultants.**
Lisez-le et dites dans quel ordre sont présentées dans le texte les idées ci-dessous.

| Accueil | Société | Références | Presse | Contactez-nous |

Conseils en création d'entreprise

Pour limiter les risques de la création d'entreprise.
La création d'une entreprise est un projet risqué. Environ
1 projet sur 2 échoue pendant les cinq premières années.
L'expérience montre qu'il existe trois causes d'échecs :
1. Les qualités du créateur lui-même, qui varient en fonction
de sa culture, de son expérience, de sa motivation.
2. L'inadéquation du couple produit/marché.
3. L'insuffisance des moyens disponibles, qu'il s'agisse
de moyens financiers ou de ressources humaines.
Avoir une idée ne suffit pas. Il faut savoir la concrétiser.

La prestation

Nous vous accompagnons et vous conseillons aussi bien
sur le plan juridique et fiscal que financier, comptable,
stratégique, commercial et marketing.
Nous intervenons autour des thèmes suivants :
– la formulation du projet de création d'entreprise ;
– l'appréciation de sa faisabilité ;
– l'évaluation des besoins (statut juridique, fiscal et social) ;
– l'élaboration du business plan ;
– la proposition de solutions adaptées à chaque activité,
qu'elle soit industrielle, commerciale, artisanale ou libérale.
Nous prenons en charge la rédaction des statuts de la société,
les formalités de création de l'entreprise et autres services associés.
Nous apportons nos conseils aux créateurs d'entreprise,
en indiquant les forces et les faiblesses du projet.

Honoraires

Devis : Cette prestation de conseil est exclusivement réalisée sur
devis. Nous vous invitons à remplir notre formulaire (réponse sous
24 heures). Pour toute information complémentaire, vous pouvez
envoyer un e-mail à ldelporte@montmartre-consultant.com
ou contacter notre consultante Laurence Delaporte par téléphone
au 01 42 56 27 79.

☐ Nous vous conseillons dans pratiquement tous les domaines.
☐1 Créer une entreprise est une aventure risquée.
☐ Vous pouvez nous contacter par courrier électronique ou par téléphone.
☐ Il n'est pas suffisant d'avoir une idée pour réussir.
☐ Les échecs sont dus à plusieurs raisons.
☐ Nous vous disons si votre projet est réalisable.
☐ Nous pouvons vous fournir une estimation de prix de notre prestation.

B. 🎧 Écouter

① Cinq personnes expliquent pourquoi elles ne veulent pas créer leur entreprise.

Écoutez et retrouvez la raison avancée par chacune de ces personnes dans la liste.

Mme A : _____   1. Le manque de relations.

M. B : _____   2. Le manque de capitaux.

Mme C : _____   3. Le manque d'expérience.

M. D : _____   4. Les obligations familiales.

Mme E : _____   5. La conjoncture économique.

② L'article suivant raconte la vie de Louis Renault, le fondateur de l'entreprise automobile Renault. Il manque certains mots.

a. Lisez cet article.

b. Écoutez deux fois l'extrait d'un entretien entre une journaliste radio et son invité. Puis complétez les mentions manquantes de l'article.

Louis Renault,
créateur d'automobiles

Louis Renault naît à Paris en 1877. Son père, Alfred, est un riche commerçant. Très tôt, Louis se passionne pour la (1) _____. Adolescent, il passe ses journées à bricoler. Les (2) _____ ne sont pas son fort. Mais l'adolescent possède deux qualités essentielles : (3) _____ et le pragmatisme.

À 21 ans, il construit une petite voiture. Le 24 décembre 1898, alors qu'il fête Noël avec des amis, il parie que sa voiturette peut remonter la pente à (4) _____ % de la rue Lepic à Montmartre. Non seulement Louis gagne son pari mais il vend ce soir-là ses (5) _____ premières voitures. Il est lancé. Quelques mois plus tard, il dépose le brevet de sa boîte de vitesse qui sera à l'origine de sa (6) _____ : tous les constructeurs de l'époque vont l'adopter.

Avec l'aide de son frère Marcel, il fonde l'entreprise Renault Frères. Le nouveau constructeur gagne alors rapidement la reconnaissance du milieu de (7) _____ avec de nombreux succès dans les (8) _____ automobiles.

La (9) _____ de Marcel Renault en 1903 marque un tournant dans la vie de la firme familiale.

Seul à la tête de l'entreprise, Louis (10) _____ la production. Il fabrique des camionnettes, de petits omnibus, des groupes électrogènes, bref, tout ce qui comporte un (11) _____. Il se lance même dans (12) _____. Pendant la Première Guerre mondiale, l'entreprise Renault se reconvertit dans la production de matériel de (13) _____. Puis l'entreprise continue sa fulgurante ascension, jusqu'à la fin de la Seconde Guerre mondiale. Louis Renault est alors accusé de collaboration avec les forces d'occupation nazies et se retrouve en (14) _____. Il meurt en (15) _____ des suites d'une maladie.

C. ✎ Écrire

Imaginez que vous travaillez pour la société Lauréade. Vous souhaitez obtenir un congé pour créer une entreprise.

Lisez les articles ci-contre, extraits du code du travail. Puis écrivez à votre employeur, en complétant les mentions de la lettre ci-dessous.

_____
_____
_____
_____

Société LAURÉADE
63, rue Voltaire
93700 DRANCY

_____

Objet : _____
Lettre _____ avec _____

Monsieur le Directeur,

Je vous informe que je souhaite bénéficier d'un _____ d'un _____ à compter du 1er septembre 2015 pour _____ une _____, conformément aux dispositions des _____ L. 122-32-12 et suivants du _____ du travail.

En effet, je souhaite depuis longtemps ouvrir _____ dans mon village et une opportunité s'offre aujourd'hui à moi pour _____ ce projet.

Je vous précise que je remplis les conditions d'_____ requises puisque je _____ depuis plus de _____ chez _____.

Veuillez recevoir, _____

_____
_____

Code du travail

Art. L. 122-32. 12 – Le salarié a droit à un congé pour la création d'entreprise qu'il se propose de créer.
La durée de ce congé est fixée à un an.

Art. L. 122-32. 13 – Le droit au congé pour la création d'entreprise est ouvert au salarié qui justifie d'une ancienneté dans l'entreprise d'au moins trois ans.

Art. L. 122-32. 14 – Le salarié informe son employeur, par lettre recommandée avec accusé de réception, au moins trois mois à l'avance, de la date de départ, ainsi que de la durée envisagée du congé.
Il précise l'activité de l'entreprise qu'il prévoit de créer.

D. Parler

JOUEZ À DEUX

● ● ● ● ●

A et B parlent de Gilbert Trigano et Gérard Blitz, les deux fondateurs du Club Méditerranée.
Personne A : Consultez le dossier 5, page 91.
Personne B : Consultez le dossier 4, page 95.

Ressources humaines

1 Contrat de travail

1 **Il y a deux parties au contrat de travail : l'employeur et le salarié.**

a. Lisez la leçon du jour ci-contre.

b. Complétez les phrases suivantes.

1. Pendant la *période dessau*, les parties peuvent résilier (rompre) le contrat à tout moment.

2. Si le contrat est à durée *determiné*, il prend fin à une date fixée à l'avance.

3. En France, la *durée* légale du travail est de 35 heures par semaine.

4. Selon leurs qualifications, les salariés occupent des *postes* plus ou moins importants dans l'entreprise.

5. Les parties sont tenues de respecter leurs *obligation* l'employeur doit payer le *salaire* convenu, le salarié doit exécuter le travail sous *l'autorité* de l'employeur.

LEÇON DU JOUR

• Le contenu du contrat de travail : les parties se mettent d'accord oralement ou par écrit sur :
– le poste (**ex. : comptable**) et les fonctions (**tâches à effectuer**) ;
– la rémunération : le salaire ;
– les horaires et le lieu de travail ;
– la période d'essai ;
– la durée du travail : **travail à temps partiel** ou à plein temps ;
– la durée du contrat : déterminée ou indéterminée.
• Les obligations des parties :
– l'employeur **s'engage à payer** un salaire ;
– le salarié **s'engage à travailler** sous l'autorité de l'employeur.

---

2 **Le salarié a pour obligation principale d'exécuter le travail. Il a aussi d'autres obligations.**

Dans la liste suivante, barrez les deux obligations qui ne concernent pas le salarié.

Le salarié doit :
1. prendre soin du matériel ;
2. respecter le règlement intérieur ;
3. payer le loyer ;
4. se conformer aux ordres ;
5. partager les bénéfices de la société ;
6. ne pas révéler les secrets de fabrication.

Les pronoms relatifs composés

Complétez avec un pronom relatif.

1. Le contrat de travail est un accord par
_____ une personne s'engage à travailler pour une autre.

2. Le terme est la date à _____ prend fin le contrat à durée déterminée.

→ **Voir page 106.**

3 Ayako Gonzalez a reçu la lettre suivante de la banque Azur.
Lisez cette lettre. Soulignez la phrase la plus importante.

Mme Ayako Gonzalez
82, avenue du Parc
92400 COURBEVOIE

Paris, le 8 mars 2015

Objet : contrat de travail

Madame,

À la suite de notre entretien du 3 mars 2010, nous avons le plaisir de vous confirmer votre engagement à compter du 1er avril prochain pour une durée indéterminée en qualité d'analyste financière. Vous serez en charge des marchés asiatiques et directement rattachée au directeur financier. Vous exercerez vos fonctions au siège social.

Votre rémunération annuelle brute s'élève à 58 000 euros.

Nous vous rappelons que nous sommes convenus d'une période d'essai de trois mois, pendant laquelle chacune des parties est libre, à tout moment, de résilier le contrat.

Si ces conditions vous conviennent, vous voudrez bien signer et nous retourner le double de cette lettre.

Veuillez recevoir, Madame, nos salutations distinguées.

(signature)
Chef du personnel

SA AU CAPITAL DE 670 407 765 EUR. RCS PARIS 552120444
SIÈGE SOCIAL : 45, BD HAUSSMANN - 75009 PARIS

4 Retrouvez dans cette lettre les mots ou groupes de mots qui signifient :
– nous sommes heureux de
– votre embauche
– comme
– vous vous occuperez
– vous serez sous l'autorité directe du
– est égale à ✓
– nous sommes tombés d'accord sur
– rompre
– reçoivent votre accord

5 Complétez le questionnaire d'embauche ci-contre.

QUESTIONNAIRE D'EMBAUCHE

Nom et prénom : Gonzalez Ayako

Poste : _____

Fonctions : _____

Période d'essai : _____

Durée du contrat : _____

Lieu de travail : _____

Rémunération : _____

JOUEZ À DEUX • • • • •

> *Personne A* : Consultez le dossier 6, page 91.
> *Personne B* : Consultez le dossier 6, page 95.

Profil de manager

 Vous travaillez pour *Hôtels & carrière*, un cabinet de recrutement spécialisé dans les métiers de l'hôtellerie et de la restauration. Vous recherchez un directeur d'hôtel correspondant au profil défini dans l'annonce ci-contre.

a. Lisez cette annonce.

b. Complétez la fiche suivante.

Profil du candidat

- Sexe : ...
- Âge : ...
- Formation : ...
- Langue(s) : ...
- Expérience professionnelle : ...
- Savoir-faire : ...
- Qualités : ...

 Vous avez sélectionné deux candidats : un Français vivant en Angleterre et une femme de nationalité grecque.

a. Lisez les deux articles suivants.

b. D'après vous, quel est le meilleur candidat ? Pourquoi ?

GROUPE HÔTELIER DE PRESTIGE RECHERCHE

DIRECTEUR D'HÔTEL H/F

En relation continue avec le siège, vous veillez au respect des objectifs commerciaux de votre établissement et au bon déroulement de la vie quotidienne au sein de l'hôtel, situé à Bruxelles.

Vous savez motiver et diriger votre personnel, vous connaissez le marketing, vous êtes un bon gestionnaire. Vous maîtrisez l'anglais, et si possible d'autres langues. Vous êtes créatif, communicatif, enthousiaste.

De formation supérieure (grande école de commerce ou hôtelière), vous avez entre 35 et 40 ans, et vous avez une expérience du terrain de plusieurs années.

Envoyez-nous CV + lettre de motivation + photo. Candidature s/réf DG.

HÔTELS & CARRIÈRE
Mlle Renard - 34 rue Clovis - 75005 PARIS

Un Français à la tête du « Henry VIII »

Jean-Marc Dubois est né dans l'hôtellerie. Ses parents étaient propriétaires d'un hôtel-restaurant dans une petite ville du nord de la France. « *Après l'école*, raconte-t-il, *j'aidais mes parents à la cuisine* ». À 16 ans, il entre dans une école hôtelière, proche de son domicile. Pendant ses études, il fait plusieurs stages dans des hôtels et des restaurants de la région. Après, il décide de partir pour Londres. Son premier objectif : apprendre l'anglais. Il est cuisinier, serveur, maître d'hôtel dans plusieurs hôtels. Le soir, il travaille. Pendant la journée, il étudie. Il finit par obtenir un diplôme de gestion hôtelière. Aujourd'hui, à 36 ans, il est directeur du *Henry VIII*, un hôtel de luxe de Brighton, dans le sud de l'Angleterre. L'hôtel possède 92 chambres, 2 salles de conférence, 1 restaurant, 2 bars. Il réalise un chiffre d'affaires de 12 millions d'euros et emploie 83 salariés à plein temps. « *Jusqu'à présent, c'est notre meilleur directeur, tout le monde vous le dira* », explique John Smith, maître d'hôtel au *Henry VIII*.

Sophie Floridis : une carrière dans l'hôtellerie de luxe

Sophie Floridis, 39 ans, de nationalité grecque, est la fille d'un ambassadeur. Elle voyage depuis son enfance. Diplômée de la prestigieuse École supérieure de commerce de Paris, elle parle cinq langues, dont l'anglais et le chinois. Elle découvre l'hôtellerie lors d'un stage dans un grand hôtel de Genève. Elle est enthousiaste et commence alors une carrière dans l'hôtellerie de luxe. Elle obtient un poste à la direction marketing d'une chaîne hôtelière internationale à Vancouver (Canada). C'est à cette époque qu'elle rencontre Gordon Poole, président de la Banque des Amériques, et qu'elle l'épouse. De ce mariage naissent deux enfants. Au bout de six ans, Sophie Floridis divorce et quitte le Canada pour prendre la direction de l'*Hôtel Impérial* de Jakarta, en Indonésie. Elle y passe quatre ans. Pendant ces quatre années, les bénéfices de l'*Hôtel Impérial* ont progressé de 300 % ! On la retrouve ensuite à l'hôtel *Intercontinental* de Karachi, au Pakistan, avec des résultats similaires.

3 **Nathalie, 30 ans, est diplômée d'une grande école de commerce française.** Elle vient d'être nommée directrice de marketing de Beck, une entreprise qui fabrique des distributeurs automatiques de boissons. Elle est en train d'envoyer un e-mail aux quatre vendeurs de Beck.

Ces vendeurs travaillent dans différentes régions, en France et en Belgique. Ils n'ont pas encore rencontré Nathalie et pourtant, ils ont déjà sur elle un préjugé (opinion) négatif.

Comment expliquez-vous un tel préjugé ? Trouvez au moins trois raisons.

4 **Dans quelques semaines, Beck va lancer un nouveau distributeur.**
Voici l'e-mail que Nathalie envoie aux vendeurs. C'est la première fois qu'elle leur écrit. Que pensez-vous de cet e-mail ?

À : Pierre Taffarel ; Louis Billet ; Paul Bouillon ; François Jolivet
De : Nathalie Dupuis
Date : mardi 5 janvier 2015 10:09
Objet : notre nouveau distributeur

Messieurs,
Je vous demande de ne parler à personne de notre nouvelle machine avant d'avoir écoulé TOUS les anciens distributeurs. Par ailleurs, je vous rappelle que j'attends un rapport détaillé sur vos activités pour la fin du mois.
Meilleures salutations
Nathalie Dupuis

---

5 **À la fin du mois, Nathalie reçoit les rapports des vendeurs.** Elle constate qu'aucun ancien distributeur n'a été vendu. Comment est-ce possible ? Faites des hypothèses.

6 **Mettez-vous à la place de Nathalie.**

a. Qu'écririez-vous dans votre premier e-mail aux vendeurs ? Comment traiteriez-vous la question du nouveau distributeur ?

b. 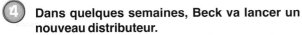 Récrivez un e-mail plus adapté à la situation.

À : Pierre Taffarel : Louis Billet ;
Paul Bouillon ; François Jolivet
De : Nathalie Dupuis
Date : mardi 5 janvier 2015 10:09
Objet : notre nouveau distributeur

L'hypothèse

Associez les phrases suivantes, comme dans l'exemple.

Pas facile d'être manager !

Ex. : Si vous êtes âgé, vous ne valez plus rien. → ***c.***

1. Si vous êtes inquiet, vous êtes pessimiste. **B**
2. Si vous décidez vite, vous prenez les mauvaises décisions. **D**
3. Si vous décidez seul, vous n'avez confiance en personne. **A**

---

a. Mais si vous déléguez, vous fuyez vos responsabilités.
b. Mais si vous êtes détendu, vous êtes inconscient.
c. Mais si vous êtes jeune, vous n'avez pas d'expérience.
d. Mais si vous réfléchissez, vous êtes indécis.

→ **Voir page 108.**

③ Organisation du travail

① Henri Ford (1863-1947) a été le premier à mettre en place le travail à la chaîne dans ses usines.

a. Lisez la leçon du jour. En quoi consiste le travail à la chaîne ?

b. Quels en sont les avantages ? Voyez-vous des inconvénients ?

② L'article suivant a été publié dans un journal économique. Lisez-le et répondez aux questions suivantes.

TRAVAIL À LA CHAÎNE : LE GRAND RAS-LE-BOL

Le travail à la chaîne a un inconvénient majeur : il est terriblement ennuyeux. À partir des années 1960, en France, les ouvriers commencent à manifester leur ras-le-bol. Dans les usines, ce ras-le-bol se manifeste de plusieurs façons : absentéisme, rotation rapide du personnel (turnover), grèves, actes de sabotage, défauts de fabrication, etc. Tout cela coûte cher à l'entreprise et a un effet désastreux sur la productivité. Pour remédier à ce problème, les entreprises vont changer l'organisation du travail. Par différents moyens, elles vont essayer d'intéresser les travailleurs à leur travail.

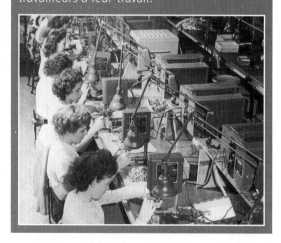

a. D'après cet article, quel est le principal inconvénient du travail à la chaîne pour les ouvriers ?

b. Comment les ouvriers expriment-ils leur ras-le-bol ?

c. Quelles sont les conséquences négatives de ce ras-le-bol pour l'entreprise ?

d. À votre avis, par quels moyens peut-on intéresser les ouvriers à leur travail ?

LEÇON DU JOUR

LE TRAVAIL À LA CHAÎNE

Henry Ford : « Dans nos usines, l'organisation du travail se définit par ces principes :
– nul homme ne doit avoir plus d'un pas à faire,
– nul homme ne doit avoir à se baisser,
– nul homme ne doit effectuer plus d'une tâche.
L'homme ne doit pas avoir besoin de penser : il ne doit pas y avoir une seconde de plus ou une seconde de moins. L'homme qui place une pièce ne la fixe pas, celui qui met un boulon ne met pas l'écrou, celui qui met l'écrou ne le visse pas.
En octobre 1913, il nous fallait 9 h 54 mn pour assembler un moteur. Six mois plus tard, il nous fallait 5 h 56 mn. »

Le futur simple et le futur antérieur

Dans chacune des phrases suivantes, mettez un verbe au futur simple et un verbe au futur antérieur.

*Ex. : Vous **tournerez** la page quand vous **aurez terminé** cette leçon.*

1. Dans quelques années, de nouveaux métiers (naître) _____ , on ne (travailler) _____ plus de la même façon.

2. Grâce à Internet, qui (devenir) _____ le principal moyen de communication professionnelle, beaucoup d'entre nous (travailler) _____ à domicile.

3. La biotechnologie (révolutionner) _____ la médecine : les travailleurs (pouvoir) _____ prendre leur retraite à 80 ans.

4. Il n'y (avoir) _____ plus d'ouvriers spécialisés (non qualifiés) parce que le travail à la chaîne (disparaître) _____ .

5. Quand tu (lire) _____ cet article sur le travail dans l'avenir, tu me (dire) _____ ce que tu en penses.

→ **Tableaux des conjugaisons, p. 111.**

3 **L'article suivant concerne Semco, une entreprise brésilienne.**
Lisez cet article et relevez les principales différences entre Semco et une entreprise traditionnelle.
Que pensez-vous des méthodes de Semco ? Sont-elles fréquentes ? Vous paraissent-elles efficaces ?
difficiles à appliquer ?

DÉMOCRATIE AU TRAVAIL

Il existe au Brésil, à São Paolo, une entreprise très particulière. Elle s'appelle Semco et fabrique toutes sortes de matériel d'équipement industriel. Mais ce n'est pas ce que fabrique Semco qui est intéressant. Ce qui est intéressant, c'est comment on y travaille.

Si vous visitez le siège social de l'entreprise, vous remarquerez qu'il n'y a pas d'hôtesse d'accueil. « *Nous n'aimons pas confier à nos employés des tâches inintéressantes* », explique Ricardo Semler, le directeur général de Semco. Pour cette raison, il n'y a ni secrétaire ni assistant. Chacun fait ses propres photocopies, tape ses lettres, compose ses numéros de téléphone et prépare son café. La hiérarchie est extrêmement réduite.

Chez Semco, la tenue vestimentaire n'a pas d'importance. On vient au bureau en cravate ou en jean. Chacun peut travailler à son aise. Manuel, le directeur commercial, mange des gâteaux toute la journée.

Le bureau du directeur général est au quatrième étage. La porte est toujours grande ouverte. Si un salarié, n'importe quel salarié, a une question, n'importe quelle question, il peut entrer et poser sa question. La transparence est totale. Par exemple, tout le monde connaît les salaires de tout le monde.

Dans les ateliers, les ouvriers définissent eux-mêmes leurs objectifs de production. Ils participent à l'amélioration de la

conception des produits. Ils élisent leurs chefs d'équipe.

La paperasse, les notes de service, les réunions, tout cela est réduit le plus possible. Les procédures de contrôle ont été supprimées. Prenons le cas des voyages d'affaires. Quand un salarié de Semco prend l'avion, il peut voyager en première classe, en classe affaires, ou en classe économique. Quand il descend dans

un hôtel, il peut choisir un hôtel de deux, trois, quatre ou cinq étoiles. Il gère son budget comme si c'était le sien. Chez Semco, on fait confiance absolue aux salariés.

Source : *À contre-courant*,
Ricardo Semler, Dunod

4 **Imaginez une entreprise qui soit tout l'opposé de Semco. Appelez-la Midipile.**
Écrivez un article d'environ 200 mots présentant l'organisation de travail de Midipile.
Commencez ainsi : « En entrant chez Midipile, vous devez d'abord vous adresser à l'hôtesse d'accueil… »

4 Réunion de travail

① Une réunion peut être inefficace pour plusieurs raisons. Par exemple :
– il fait un froid de canard dans la salle ;
– la réunion se tient trop tard.

a. Lisez la leçon du jour.

b. Imaginez des raisons pour lesquelles une réunion peut être inefficace.

② 🎧 **Quatre employé(e)s donnent leur avis sur les réunions qui se tiennent dans leur entreprise. Chacun évoque un ou plusieurs problèmes.**

Lisez ci-dessous et/ou écoutez leur déclaration. Dans chaque cas, que proposez-vous pour améliorer la situation ? Faites des propositions précises. À votre avis, qui est responsable de la situation ?

VALENTIN : « *Le plus souvent, Mme Savary, notre directrice, ne nous envoie aucune information avant la réunion, pas la moindre note de service. Quelquefois on ne sait même pas pourquoi on se réunit.* »

CATHERINE : « *La salle de réunion est minuscule, et on est serré comme des sardines. Le problème, c'est qu'à part le bureau de Mme Savary, il n'y a pas de grande pièce.* »

ZOÉ : « *Notre directrice est atteinte de réunionite. Elle organise des réunions pour un oui et pour un non. Souvent, on se retrouve à dix, alors qu'il y a seulement deux personnes qui sont vraiment concernées par le sujet.* »

GUILLAUME : « *Il y a un vague ordre du jour, mais il n'est jamais respecté. On parle de choses et d'autres, de trucs qui n'ont rien à voir avec l'objet de la réunion. Personne n'écoute personne et au bout du compte on n'avance pas.* »

Leçon du jour

COMMENT ANIMER UNE RÉUNION

• Au début de la réunion :
– Rappeler l'objet de la réunion et le temps imparti.
– Présenter l'ordre du jour (= sujets à traiter, dans un certain ordre).
– Demander à l'un des participants de prendre des notes. Cette personne sera chargée de rédiger le compte rendu.

• Au cours de la réunion :
– Donner la parole à chacun.
– Veiller à respecter l'ordre du jour : ne vous éloignez pas du sujet !
– Résoudre les conflits.
– Surveiller l'heure.

• À la fin de la réunion :
– Faire la synthèse.
– Prévoir un sujet et une date pour la prochaine réunion.

Les indéfinis

Complétez avec *aucun, certains, chacun, d'autres, nulle part, on, personne, quelque chose, quelqu'un, quelque part, rien*.

1. _____ était tous présents à la réunion, même Roger.

2. Pendant que Mme Savary faisait son discours, il n'y avait _____ bruit.

3. Quand elle a parlé du projet Cerise, il y a _____ que je n'ai pas bien compris.

4. _____ ne dormait, même pas Roger.

5. _____ d'entre nous a pris la parole, sauf Roger, qui n'a absolument _____ dit.

6. À la fin de la réunion, _____ étaient contents, _____ pas.

7. _____ a oublié ses gants.

8. J'ai mis mes notes _____, mais je ne les trouve _____.

→ **Voir page 101**.

3 **Vous assistez à une réunion.**

Que dites-vous pour :

1. présenter le sujet de la réunion ? **b**	a. Excellente idée : nous pouvons…
2. exprimer votre accord ? …	**b.** Nous sommes ici pour parler de…
3. exprimer votre désaccord ? …	c. Que voulez-vous dire quand vous dites que…
4. donner des explications ? …	d. Je ne partage pas votre point de vue.
5. demander des explications ? …	e. Si vous le voulez bien, revenons à notre sujet.
6. mettre de l'ordre ? …	f. Je crois que nous avons fait le tour de la question
7. conclure ? …	g. Je voudrais ajouter un détail important.

4 **Chaque année, les salariés de la société Lauréade, un fabricant de produits cosmétiques, font un voyage touristique.**

Ce voyage est financé en bonne partie par le comité d'entreprise.

L'an dernier, par exemple, tout le monde (ou presque) est parti en Chine. Aujourd'hui, le comité d'entreprise se réunit afin de choisir un lieu de destination pour le voyage de cette année. Quatre membres du comité assistent à la réunion.

JOUEZ À QUATRE ● ○ ● ● ●

• La classe est divisée en quatre groupes. Chaque groupe représente un membre de la réunion et reçoit l'un des rôles suivants :

Président(e) de la réunion : Consultez le dossier 7, page 91.

Participant(e) A : Consultez le dossier 15, page 93.

Participant(e) B : Consultez le dossier 7, page 95.

Participant(e) C : Consultez le dossier 16, page 97.

• Les membres de chaque groupe choisissent parmi eux celui qui jouera. Ils l'aident à se préparer.

• Pendant la réunion, ceux qui ne jouent pas assistent en tant qu'observateurs. Chacun doit prendre des notes avec l'objectif de rédiger un compte rendu.

5 À L'aide de vos notes et du document ci-contre, rédigez un compte rendu de la réunion. Suivez les conseils de Lucas.

Lucas : « Pour rédiger un compte rendu de réunion, résumez l'essentiel de ce qui a été dit en citant le nom des intervenants et en restant impartial (objectif). N'inscrivez ni titre de civilité ni formule de salutation. »

L A U R É A D E

**COMPTE RENDU
DE LA RÉUNION DU COMITÉ
D'ENTREPRISE DU…**

Présents : Mme…

      …

Le comité d'entreprise, présidé par…, s'est réuni le… dans ses locaux - 63, rue Voltaire, 93700 DRANCY.

M. (Mme)… rappelle que la réunion porte sur le voyage de cette année, l'objectif étant de choisir un…

Il (elle) demande ensuite à chaque participant de donner son point de vue.

M. (Mme)… propose…

M. (Mme)… souhaite…

M. (Mme)… dit…

La discussion est longue et animée.

M.(Mme)… donne son point de vue. D'après lui (elle), …

Les membres de la réunion retiennent à l'unanimité la proposition de…

Drancy, le…

5 Droits des salariés

1 **Lisez la leçon du jour, puis complétez les phrases suivantes.**

1. L'employeur qui _____ un salarié doit avoir un _____ sérieux, c'est-à-dire suffisamment grave pour justifier un _____.

2. En principe, l'employeur ne doit pas licencier le salarié du jour au lendemain : il doit lui accorder un _____. Il doit aussi lui verser une _____ de licenciement.

3. Si le motif n'est pas sérieux, l'employeur peut être _____ en justice et _____ à payer au salarié une indemnité pour licenciement sans motif sérieux.

4. Dans le cas où le salarié décide lui-même de mettre fin au _____ de travail, c'est-à-dire s'il _____, il n'a droit à aucune indemnité.

2 **En France, un licenciement doit respecter une certaine procédure.**
Voici les trois phases de cette procédure. Elles sont dans le désordre. Mettez-les dans l'ordre.
L'employeur doit :

☐ avoir un entretien avec le salarié, pour l'informer qu'il envisage de le licencier

☐ notifier (annoncer) au salarié le licenciement par lettre recommandée, en lui rappelant les motifs de son licenciement

☐ convoquer (inviter) le salarié à un entretien, par lettre recommandée

3 **Jessica travaille dans une agence de voyages. Aujourd'hui, elle a reçu la lettre de licenciement ci-contre.**
Lisez cette lettre et répondez aux questions suivantes.

a. À quelle date a pu être écrite cette lettre ?
☐ Le 3 mars
☐ Le 17 avril
☑ Le 20 avril

b. Quel mois Jessica devrait-elle arrêter de travailler ?
☐ En avril
☑ En mai
☐ En juin

c. Quel est le motif du licenciement ? Ce motif vous paraît-il sérieux ?

d. D'après vous, qu'est-ce qu'un motif sérieux de licenciement ? Donnez des exemples.

Leçon du jour

LA RUPTURE DU CONTRAT DE TRAVAIL

Le contrat de travail **peut prendre fin pour au moins deux raisons :**
– le salarié **démissionne ;**
– l'employeur **licencie le salarié.**

En cas de licenciement, le salarié a généralement droit à un préavis et à une indemnité de licenciement (somme d'argent).

En France, un employeur doit avoir un motif réel, c'est-à-dire existant (non inventé), et sérieux pour licencier un salarié. Si le salarié estime qu'il est licencié sans motif sérieux, il peut poursuivre l'employeur en justice. Le tribunal peut condamner l'employeur à payer une indemnité supplémentaire au salarié qui a été licencié sans motif réel et sérieux.

Objet : licenciement

Mademoiselle,

À la suite de notre entretien du 18 avril, j'ai le regret de vous notifier votre licenciement.

Malgré nos lettres d'avertissement du 12 février et du 3 mars derniers, vous continuez à porter des vêtements indécents et provocateurs pendant votre travail.

La présentation de cette lettre recommandée fixe le point de départ de votre délai de préavis d'un mois.

Veuillez recevoir, Mademoiselle, nos salutations distinguées.

Amélie Grimaud

Amélie Grimaud
Responsable du personnel

4 Imaginez que vous soyez chargé de réglementer le droit de grève dans votre pays. Seriez-vous d'accord avec les propositions suivantes ? Pourquoi ?

● RÉGLEMENTATION DU DROIT DE GRÈVE   PROJET DE LOI

Art. 1. Les salariés ont le droit de faire grève.
Art. 2. Les revendications (demandes) des grévistes doivent concerner leur travail ; elles ne doivent pas avoir de mobile politique.
Art. 3. Les salariés ont le droit de se mettre en grève :
– immédiatement, sans préavis ;
– sans l'accord des syndicats ;
– au moment qu'ils estiment le plus efficace.
Art. 4. On ne peut pas faire grève seul, mais les grévistes n'ont pas besoin d'être la majorité des salariés de l'entreprise.
Art. 5. Pendant la grève, les grévistes ne reçoivent pas de salaire.
Art. 6. Après la grève, ils retrouvent leur emploi.

5 L'article suivant raconte le début d'une grève. Complétez le texte.
Trouvez les mots manquants dans l'exercice 4.

Une famille en grève

Un père et ses deux fils travaillent comme vendeurs chez Colin-Maillard, un magasin de jouets situé à Rennes (France) et employant 12 salariés.

Une semaine avant la fête de Noël, le 17 décembre, tous trois se présentent dans le bureau de Mme Girard, la patronne.
– « Nous voulons 300 % d'augmentation de salaire », demande le père.
– « 300 % ? Impossible ! Je ne peux pas satisfaire une demande pareille », répond la patronne, effrayée.
– « Dans ce cas, on se met en grève sur-le-champ », réplique l'un des frères, du tac au tac.
C'est ainsi que la grève a commencé, immédiatement, sans le moindre préavis. La représentante du syndicat n'était même pas au courant.
Mme Girard était furieuse. Elle a menacé les trois _____ de licenciement. Mais, prudente, elle a décidé de consulter d'abord un avocat.

6 Imaginez que vous soyez l'avocat(e) de Mme Girard. « Y a-t-il un moyen de licencier ces trois vendeurs ? », vous demande Mme Girard. Sachant qu'en droit français toutes les affirmations de l'exercice 4 sont vraies, que lui répondez-vous ?

La formation du subjonctif

Mettez les verbes entre parenthèses au subjonctif présent.

Imaginez que vous (être) _____ le patron, que les salariés (être) _____ mécontents, qu'ils (faire) _____ grève, que vous les (poursuivre) _____ en justice, que vous (perdre) _____ votre procès.

→ **Voir page 107.**

Bilan de compétences

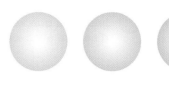

A. Lire

 Lisez cette lettre. Puis retrouvez l'ordre des idées qu'Ayako Gonzalez a retenues et qui sont mentionnées ci-dessous dans le désordre.

AYAKO GONZALEZ
82, avenue du Parc
92400 Courbevoie
01 47 88 79 38
ayazaki@wanadoo.fr

Mme Géraldine Duplex
Responsable des recrutements
Banque Azur
45, boulevard Haussmann
75009 Paris

Courbevoie, le 5 février 2015

Objet : poste d'analyste financier

Madame,

Permettez-moi de vous présenter ma candidature pour le poste d'analyste financier que vous proposez dans votre annonce parue dans le *Journal des affaires* du 2 février dernier.

Je suis titulaire d'un MBA de l'École nationale des ponts et chaussées, à Paris.

Comme l'indique mon CV ci-joint, j'ai acquis six années d'expérience professionnelle comme analyste pour la banque Zuki.

Je parle couramment japonais, anglais et français. J'ai voyagé dans une vingtaine de pays. Je m'adapte facilement à des cultures différentes. Je suis très motivée et prête à investir toute mon énergie et mes connaissances afin de contribuer au développement international de votre entreprise.

Je crois avoir l'expérience et les qualifications requises.

Je me tiens à votre entière disposition pour vous rencontrer afin de vous permettre de mieux évaluer ma candidature.

Cordialement,

A Gonzalez

Ayako Gonzalez

PJ : 1 CV

Dans quel ordre ?

- ☐ Ayako Gonzalez insiste sur ses qualités personnelles.
- ☐ Elle fait part de ses diplômes.
- ☒ Elle demande le poste
- ☐ Elle donne des indications sur son expérience professionnelle.
- ☐ Elle fait référence à l'offre d'emploi de la banque Azur.
- ☐ Elle propose une éventuelle rencontre.
- ☐ Elle précise qu'un curriculum vitae est joint.

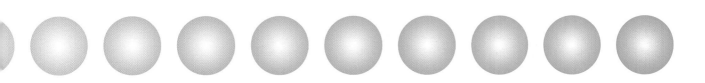

2 **Les messages suivants proviennent du service du personnel de la société Ferrabille. Ils ont tous été écrits le même jour.**

Lisez-les, puis dites si les affirmations suivantes sont vraies ou fausses. Si les messages ne donnent pas suffisamment d'informations pour répondre « Vrai » ou « Faux », choisissez « Non précisé ».

Ferrabille SA
Service du personnel
Note de service

Objet : Déjeuner du personnel
À partir du 1er juin prochain, la vente de tickets restaurant aura lieu le lundi de 11 heures à 12 heures au secrétariat du personnel (bureau de Caroline Marchand).

Caroline Marchand
09/05/2010   Service du personnel

Ferrabille SA
Service du personnel
                   Vannes, le 9 mai 2015
Destinataires :
Personnels des ateliers

Scie électrique :
port de gants obligatoire

Un ouvrier de l'atelier 3 s'est blessé hier en utilisant la scie électrique.
Il est rappelé que le port de gants de protection est obligatoire pour toute utilisation de la scie électrique. Les chefs d'atelier sont priés de faire respecter scrupuleusement cette prescription.
La présente note sera affichée dans tous les ateliers. Elle sera également diffusée aux chefs d'atelier qui devront la retourner signée au service du personnel.

La Directrice du personnel

Julie Faucon

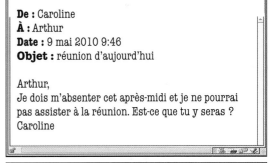

De : Julie Faucon
À : Mme et MM. les responsables de service
Objet : Congés annuels

Chère (cher) collègue,
Je vous prie de bien vouloir me faire connaître pour le 30 mai au plus tard les vœux du personnel de votre service.
Julie Faucon
Service du personnel

De : Caroline
À : Arthur
Date : 9 mai 2010 9:46
Objet : réunion d'aujourd'hui

Arthur,
Je dois m'absenter cet après-midi et je ne pourrai pas assister à la réunion. Est-ce que tu y seras ?
Caroline

De : Arthur
À : Caroline

Oui, pourquoi ?

De : Caroline
À : Arthur

Pour te demander un petit service. Au début de l'année, j'avais demandé un photocopieur pour le premier étage. Depuis, pas de nouvelle. Peux-tu faire de nouveau cette demande de ma part ?

Aujourd'hui 9 mai, chez Ferrabille :	Vrai	Faux	Non précisé
1. On peut acheter des tickets restaurants le lundi.	☐	☐	☐
2. Il y a trois ateliers.	☐	☐	☐
3. Il faut porter des gants pour utiliser la scie électrique.	☐	☐	☐
4. Les dates de congé du personnel sont fixées.	☐	☐	☐
5. Il y aura une réunion cet après-midi.	☐	☐	☐
6. L'objet de la réunion porte sur le matériel de bureau.	☐	☐	☐

B. 🎧 Écouter

1 **Jennifer Poulain dirige l'entreprise Meyer, un fabricant de filtres à eau.**

a. Lisez l'article suivant.

b. Écoutez Jennifer Poulain parler de son travail et complétez l'article.

Les décideurs

Jennifer Poulain à la tête de Meyer

JENNIFER POULAIN, directrice générale de Meyer, est _____ d'origine. Elle dirige l'entreprise Meyer depuis _____ ans. Meyer emploie environ _____ salariés en France et en _____. Jennifer Poulain commence à travailler vers _____ heures. En arrivant au bureau, elle commence par préparer les _____ de la journée. Elle assiste généralement à _____ ou _____ réunions par jour. Elle considère que son rôle est de faire _____ ses équipes, de faire avancer les projets. D'après elle, il est important de _____ rapidement parce que l'environnement change très vite. Il faut être _____.

Une autre partie de son travail est de prévoir les évolutions et de prendre les grandes décisions, en choisissant la bonne _____. Elle refuse de passer son temps à se battre contre les difficultés quotidiennes ou à _____ l'entreprise au quotidien. Jennifer Poulain attache beaucoup d'importance aux relations _____ à l'intérieur de son entreprise. Pour bien travailler, pense-t-elle, les gens doivent bien s'entendre et ils doivent _____. Elle se sent très proche du personnel. Chez Meyer, l'organisation est très _____, il y a peu de _____. Mais tout le monde vouvoie Jennifer Poulain. D'après elle, tutoyer ou vouvoyer ne veut pas dire grand-chose. On peut très bien tutoyer son _____ et entretenir avec lui des relations _____ et conflictuelles. ∎

2 **Cinq personnes donnent leur opinion sur différents sujets concernant le travail.**

a. Lisez les textes suivants.

b. Écoutez et complétez ces textes.

1. Mme A. pense qu'il faudrait interdire les _____ dans les services _____ parce qu'il y a d'autres _____ de résoudre les _____.

2. D'après M. B., les _____ ne respectent pas leurs _____. Quand il n'en ont plus besoin, ils s'en débarrassent.

3. Mme C. dit que la plupart des _____ sont une perte de temps et qu'elles n'aboutissent généralement à aucune _____.

4. Pour M. D., un bon manager est un manager _____. Selon lui, il doit toujours y avoir un chef pour donner des _____ et des _____ pour obéir.

5. Mme E. ne trouve pas normal qu'il y ait si peu de _____ managers. Elle rappelle que les postes de _____ sont quasiment tous _____ par des hommes.

CROYEZ-EN MON EXPÉRIENCE!

C. ✎ Écrire

L'article suivant a été publié dans un journal économique. Il relate la conférence d'un expert en ressources humaines, le professeur Giraud.

Lisez cet article. Imaginez ensuite que vous ayez assisté à cette conférence. Vous devez rédiger un compte rendu à l'attention de votre patron.

Faites un résumé sur ce qui s'est passé. Soyez aussi bref que possible, car le patron n'aime pas perdre son temps. Écrivez au maximum 100 mots.

COMMENT GÉRER SON TEMPS EFFICACEMENT

Le professeur Giraud s'adresse à des cadres expérimentés, désireux de perfectionner leur savoir-faire professionnel. Thème de sa dernière conférence devant une quarantaine de cadres de la société Lauréade : « La gestion efficace de son temps ». Compte rendu.

Le professeur Giraud arrive avec une petite valise, de laquelle il sort un grand pot de verre, qu'il pose devant lui. Puis il sort de gros cailloux, de la taille d'une balle de tennis, qu'il place, un par un, dans le grand pot de verre. Il remplit le pot jusqu'à ras bord. « *Ce pot est-il plein ?* » demande-t-il. La réponse est unanime : « *Oui, le pot est plein* » répondent en chœur les stagiaires. Alors, le professeur sort de la valise un sac rempli de gravier et il verse ce gravier sur les gros cailloux. Le gravier s'infiltre entre les cailloux jusqu'au fond du pot. « *Ce pot est-il plein ?* » demande le professeur. Cette fois-ci, une stagiaire répond que non, probablement pas. « *Bonne réponse !* » répond le professeur.

Puis il sort de la valise un sac de sable. Il verse le sable dans le pot. Le sable remplit les espaces entre les gros cailloux et le gravier. Le professeur demande si le pot est plein. Sans hésiter, les stagiaires répondent que non. « *Bonne réponse !* » répond le professeur. Et comme on peut s'y attendre, il prend un pichet d'eau et remplit le pot jusqu'à ras bord. « *Quelle vérité nous démontre cette expérience ?* » demande-t-il alors. Une stagiaire, toujours la même, prend la parole : « *Cela démontre que même quand on croit que notre agenda est rempli, si on le veut* vraiment, on peut y ajouter plus de rendez-vous* », commente-elle. « *Mauvaise réponse* », répond le professeur. « *La vérité, dit-il, c'est qu'il faut mettre les gros cailloux en premier dans le pot, sinon on ne pourra jamais les faire tous entrer.* » Silence dans la salle. Le professeur interroge : « *Quels sont les gros cailloux dans votre vie ? Votre santé ? Votre famille ? Vos ami(e)s ? Apprendre ? Défendre une cause ? La bourse ? Ou... tout autre chose ?* » Profond silence. Alors, le professeur Giraud range son matériel, salue l'auditoire et quitte la salle.

M.P.

D. Parler

JOUEZ À DEUX ●●●●●

> A et B parlent du style de management de Jacques Fayette, un dirigeant d'entreprise.
> *Personne A* : Consultez le dossier 8, page 92.
> *Personne B* : Consultez le dossier 8, page 96.

Marketing

Étude de marché

1 Complétez le texte ci-contre avec les mots suivants : *financier, juridique, marketing. producteur.*

2 **X-Tech, une entreprise de services informatiques, perd des clients depuis un an.**
Son directeur décide de faire une enquête auprès des clients actuels pour connaître leur avis sur les produits de l'entreprise.
Que pensez-vous de cette décision ?

3 **Les questions suivantes sont extraites d'un questionnaire sur les produits de beauté. Elles sont maladroites.**

a. Lisez la leçon du jour.

b. Comment améliorer la formulation de ces questions ? Trouvez dans la leçon du jour le meilleur conseil pour chaque question.

Ex. : Connaissez-vous la nouvelle crème de Lauréade : la crème Iris ? → **5. Ne suggérez pas la réponse.**

1. Utilisez-vous souvent des produits de beauté ?
2. Où achetez-vous des produits de beauté ? Dans des boutiques spécialisées ?
3. Ne pensez-vous pas que les produits de beauté vendus en pharmacie sont chers ?
4. Croyez-vous que certaines personnes achètent des produits en pharmacie parce qu'elles pensent que ces produits sont de meilleure qualité que ceux qui sont vendus dans une grande surface ?
5. Quelle est votre profession ? Quel est votre âge ?

Qu'est-ce qu'un « esprit marketing » ?

Si vous proposez un nouveau produit au gestionnaire d'une entreprise, l'une des premières questions que se pose un « esprit _____ » concerne les perspectives de rentabilité ; celle que se pose un « esprit *produit* » concerne le choix des équipements ; l'« esprit *juridique* » s'interroge sur la réglementation en vigueur ; l'« esprit *marketing* », quant à lui, commence par se demander s'il existe des clients pour ce produit, il se préoccupera d'abord de connaître le marché, pour pouvoir s'y adapter et agir sur lui.

Leçon du jour

POSER LES BONNES QUESTIONS

Voici quelques conseils pour établir un questionnaire d'enquête de marché :
1. ne restez pas dans le vague, utilisez des mots précis ;
2. évitez les négations ;
3. évitez les phrases trop longues ;
4. posez une seule question à la fois ;
5. ne suggérez pas la réponse.

4 **Les questions suivantes sont extraites d'un questionnaire d'enquête de la société Lauréade, un fabricant de produits cosmétiques.** Elles sont incomplètes. À l'aide des informations contenues dans l'exercice 3 page 48, complétez les mentions manquantes.

---

1 Utilisez-vous des produits de beauté ?
☐ oui ☐ *NON*

2 Où achetez-vous ces produits ?
☐ *Dan*
☐ *pharmacies*
☐ *Boutiques*
☐ Autres types de commerce.
Lesquels ?...

3 Pour quelles raisons ?
☐ *Santé*
☐ *Qualité*
☐ Confiance
☐ Conseils
☐ Emplacement
☐ Variété
☐ Autres ? ...

17 Votre situation professionnelle :
☐ Étudiant(e)   ☐ Cadre *supérieur*
☐ *Retraité*   ☐ Cadre moyen
☐ *Ouvrier*   ☐ Profession lib*éral*
☐ Empl*.*.   ☐ Profession art*isanal*
☐ Comm...   ☐ Femme au foyer *(cheminor)*
☐ Art...   ☐ Chef d'ent...
☐ Chô...   ☐ Autres ?

18 Votre lieu d'habitation :
☐ Village
☐ Ville de moins de 20 000 habitants
☐ *Grande ville*

19 Votre situation familiale :
☐ Marié(e)   ☐ *sans compliqué*
☐ *Célibataire* ☐ Avec enfant(s)

20 Votre âge
☐ moins de 20 ans ☐ 41 à 60
☐ ...   ☐ ...

Lauréade, 63 rue Voltaire, 93700 DRANCY

---

5 **Regardez les deux photos ci-dessous. À votre avis, que répondrait chacune de ces deux femmes au questionnaire de Lauréade ? Pourquoi ?**

6 ✎ **Dans le cadre d'une étude de marché sur le cinéma, rédigez un questionnaire d'enquête contenant au moins dix questions.**

La place des pronoms compléments

1. Récrivez des phrases en remplaçant les pronoms, comme dans l'exemple.

*Ex. : Je **la lui** prête.*
→ *Je prête ma voiture à Paul.*
1. Nous *leur en* avons parlé.
2. Elle ne *les lui* a pas encore rendus.
3. Je *les y* ai rencontrées.
4. Je préfère ne pas *y* penser.

2. Mettez les phrases à l'impératif affirmatif et négatif en remplaçant les mots en italique par des pronoms.

Ex. : Vous me raconterez la fin.
→ *Racontez-**la-moi** !*
→ *Ne me **la** racontez pas !*
1. Vous ferez une *étude de marché*.
2. Vous irez *au supermarché*.
3. Vous interrogerez *les jeunes*.
4. Vous leur poserez *des questions*.
5. Vous communiquerez *les résultats au directeur*.
6. Vous lui direz *la vérité*.

→ **Voir page 102.**

2 Définition du produit

L'entreprise Bic vend des stylos, des rasoirs, des briquets. Sans doute connaissez-vous ses produits, jetables et bon marché. Mais connaissez-vous les parfums Bic ?

> En 1988, Bic lance une gamme de quatre parfums de qualité, vendus dans les grandes surfaces. Les parfums Bic sont de 10 à 15 fois moins chers que ceux des concurrents. Pourtant, malgré d'importantes campagnes publicitaires, ils ne connaissent aucun succès, dans aucun pays. L'entreprise doit finalement les retirer du marché.

a. Lisez la leçon du jour.

b. Comment expliquez-vous l'échec des parfums Bic ?

COMMENT POSITIONNER UN PRODUIT

• Le positionnement est l'image que le producteur souhaite donner à son produit. Il a une influence décisive sur les ventes.
• Le positionnement doit être :
– simple : il suffit de mettre en avant une caractéristique du produit ;
– désirable : il doit répondre à un besoin ;
– crédible : par rapport aux caractéristiques réelles du produit et à l'image de l'entreprise.

Lisez les extraits de presse ci-dessous, puis répondez aux questions.

1. À quoi sert une marque ?
2. Quelles sont les caractéristiques d'un bon nom de marque ?
3. Connaissez-vous deux synonymes du mot « packaging » ?
4. En quoi consiste le conditionnement ? À quoi sert-il ?

C'EST MEILLEUR SI C'EST PLUS CHER

L'entreprise Brochard fabrique un seul type de machine à laver, qu'elle vend sous des noms différents. Comment expliquer que les machines vendues sous la marque Jacques Durand soient plus chères que les autres ? C'est très simple : la marque véhicule une image du produit. Parmi la multiplicité des produits offerts, elle aide le consommateur à choisir. « *La marque permet d'identifier le produit. C'est un instrument de communication essentiel entre nous et le consommateur* », commente-t-on chez Brochard. Une grande marque, comme Jacques Durand, inspire confiance. Le consommateur pense que c'est meilleur, plus sérieux… surtout si c'est plus cher. ∎

Emballer le consommateur

Les Établissements Sarrazin vendent des biscuits par l'intermédiaire des grandes surfaces. « *Nous réfléchissons longuement au packaging, c'est-à-dire au conditionnement de nos produits, explique la directrice de Sarrazin, le graphisme, la couleur, le texte, la forme, tout cela fait partie du conditionnement et est important pour attirer l'attention du consommateur. Quand il achète nos biscuits, le consommateur choisit la boîte, pas les biscuits.* » Romain Taffarel, responsable d'un hypermarché Vilprix, confirme : « *Dans les magasins en libre service, l'emballage vend le produit à la place du vendeur.* » ∎

Orangina : succès garanti

La petite bouteille d'Orangina bénéficie de deux atouts. D'abord, son parfum : le goût de l'orange est apprécié dans tous les pays. Ensuite son nom : la marque Orangina, facile à prononcer et à mémoriser, adaptée au produit, peut être utilisée partout. ∎

3 🎧 **Juliette travaille en France, à la direction marketing de Petibeurre, un fabricant de biscuits.** Elle téléphone à John, l'agent commercial de Petibeurre en Angleterre.

Écoutez et/ou lisez un extrait de la conversation. Que répondez-vous à la dernière question de Juliette ? Faites des propositions précises.

John : Les ventes sont décevantes et pourtant, c'est un bon biscuit.

Juliette : Mais alors, pourquoi est-ce que les ventes sont si faibles ?

John : À mon avis, il y a plusieurs raisons. La première, c'est le nom du biscuit. Coin de rue. Pour un Anglais, c'est trop difficile à prononcer et ça n'a aucun sens. Enfin, je ne vois pas le rapport entre un coin de rue et un biscuit. Franchement, excuse-moi, mais je trouve que c'est un peu inadapté comme nom.

Juliette : Je vois. Quoi encore ?

John : La deuxième raison, c'est le conditionnement.

Juliette : Le packaging ?

John : Oui, des biscuits dans une boîte toute grise, c'est un peu déprimant, tu ne trouves pas ?

Juliette : Peut-être…

John : Et puis, il y a le prix.

Juliette : Le prix ? Mais la dernière fois, tu m'as dit que c'était bon marché.

John : Justement. Le problème, c'est que c'est trop bon marché. Ici, on pense que c'est un produit bas de gamme, ça ne va pas avec le nom.

Juliette : Je vois… Autre chose ?

John : Pour l'instant, non.

Juliette : J'ai une dernière question, mais je crois que tu as déjà répondu.

John : Dis-moi.

Juliette : Que peut-on faire pour augmenter les ventes ?

La comparaison

1. Complétez avec *aussi, moins, plus, de, que*.

Le stylo Bic a de nombreuses qualités : il écrit _____ bien et il est _____ léger _____ la plupart des stylos, c'est surtout le _____ cher _____ tous.

2. Complétez.

« L'huile d'olive est _____ grasse _____ les autres huiles. »
VRAI : Toutes les huiles contiennent 100 % de matières grasses.

3. Complétez le dialogue ci-dessous avec *meilleur, le meilleur, mieux, aussi, plus*.

–Entre la Casserole et chez Gobert, quel est _____ restaurant des deux ?
–La Casserole est _____ marché, mais ce n'est pas _____ bon que chez Gobert.
–Autrement dit, on mange _____ chez Gobert, mais c'est _____ cher.
→ **Comparaison, page 108.**

4 **Juliette demande à John de lui confirmer par e-mail ce qu'il a dit au téléphone.**
Écrivez cet e-mail à la place de John. Expliquez pourquoi les ventes sont mauvaises. Proposez des solutions.

De : John
À : Juliette
Objet : Biscuits Coin de rue
Bonjour,
Comme je te l'ai dit au téléphone, les ventes du produit Coin de rue en Angleterre sont moins bonnes que prévu…

3 Méthodes de distribution

1 Lisez la leçon du jour, puis complétez les phrases suivantes.

1. Le plus souvent, entre le producteur et le consommateur, on trouve des _____ .

2. Dans certains cas, peu fréquents, le producteur vend directement au _____ .

3. Le détaillant achète en _____ au grossiste et vend au _____ au consommateur.

4. Un hypermarché achète en gros par l'intermédiaire d'une _____ et _____ au détail au consommateur.

2 Les trois phrases suivantes forment un texte. Elles sont dans le désordre. Mettez-les dans l'ordre.

☐ Ces techniques forment ce qu'on appelle le marchandisage.

☐ Quel produit faut-il vendre, à quel endroit le placer, en quelle quantité, à quel prix.

☐ Elles sont particulièrement importantes pour les produits vendus en libre-service.

3 Les affirmations ci-dessous sont-elles vraies ou fausses ? Pourquoi ?

1. Les hypermarchés placent les produits les plus rentables (profitables) au niveau des yeux.

2. Les produits de première nécessité se trouvent au fond du (au bout du) magasin.

3. Les bouteilles d'eau minérale sont placées tout en haut des rayonnages.

4. Les articles en promotion sont posés au sol (par terre).

5. Les dentifrices sont à côté des chaussures.

6. De temps en temps, ils changent l'emplacement (la place) des produits.

Leçon du jour

DU PRODUCTEUR AU CONSOMMATEUR

• Il est rare que le producteur vende directement au consommateur. Le plus souvent, le produit passe par plusieurs intermédiaires ou distributeurs :
– le producteur vend au grossiste ;
– le grossiste vend au détaillant ;
– le détaillant vend au consommateur.
• Ces distributeurs peuvent être de petits commerçants indépendants ou de grands distributeurs.
• Grâce à leur centrale d'achat, les grands distributeurs (supermarchés, hypermarchés, grands magasins, etc.) achètent directement en gros (par grandes quantités) au producteur. Puis ils vendent au détail (par petites quantités) au consommateur.

Les expressions de lieu

Complétez le texte suivant.

1. J'ai trouvé un ordinateur d'occasion _____ Lyon, _____ un petit commerçant qui se trouve _____ le boulevard Leduc, à deux pas _____ la grande place. La boutique est _____ rez-de-chaussée d'un petit immeuble.

2. J'ai acheté l'imprimante _____ un grand magasin situé _____ centre-ville, _____ la grande place. C'est un magasin de plusieurs étages. Le rayon informatique se trouve _____ dernier étage, _____ les toits. Les imprimantes sont tout _____ fond, _____ les étagères du haut.

3. Mon bureau se trouve _____ la rue Colbert. _____ ce quartier, nous sommes entourés de magasins. D'un bout _____ l'autre de la rue, il y a partout des magasins.

4. Tous les matins, j'entre _____ le libraire d'_____ face pour acheter mon journal.

5. Le centre commercial se trouve dehors _____ la ville. C'est _____ cinq kilomètres d'ici, _____ environs de Créteil.

→ **Voir page 98.**

4 **Paul Leduc et Jade Pilon président deux organisations patronales différentes.** Écoutez et/ou lisez ce qu'ils déclarent, puis répondez aux questions suivantes.

Paul Leduc, président de la Fédération nationale des PME (petites et moyennes entreprises)

« Les grands distributeurs imposent des conditions inacceptables aux fabricants. Par exemple, certains hypermarchés demandent à leurs fournisseurs des délais de paiement d'un an. Les grandes surfaces ont ainsi la possibilité de pratiquer des prix extrêmement bas. Elles tuent le petit commerce, éliminent la concurrence. On se retrouve dans une situation de monopole, dont le consommateur est la première victime. L'État doit interdire la création de nouvelles grandes surfaces. »

Jade Pilon, présidente de la Fédération des entreprises du commerce et de la distribution

« La grande distribution et le petit commerce sont des secteurs complémentaires, et non pas opposés. Tout le monde a sa place : les hypermarchés, proposant plus de 100 000 références, les supermarchés et les petits commerçants. La variété de l'offre est une richesse pour tous, et en premier lieu pour le consommateur. Cette concurrence oblige le petit commerce à se moderniser et à s'adapter aux besoins du consommateur. C'est à lui de choisir et de décider, pas à l'État. »

a. Qui pourrait faire les déclarations suivantes ? Paul Leduc et/ou J. Pilon ?

	PL	JP
1. Face à la toute-puissance de la grande distribution, il faut protéger les producteurs.	☐	☐
2. Le plus important, c'est l'intérêt du consommateur.	☐	☐
3. L'État doit intervenir.	☐	☐
4. L'État doit rester à l'écart.	☐	☐

b. À votre avis, qui défend le mieux les intérêts des consommateurs ?

5 🖊 **Vous avez assisté à un débat entre Paul Leduc et Jade Pilon.**
À l'aide du document ci-contre, faites-en le compte rendu par écrit.

COMPTE RENDU DE DÉBAT

Pour Paul Leduc, les grands distributeurs peuvent proposer des produits à très bas prix parce qu(e)…
De cette façon, ils peuvent écraser…
Pour protéger le …

Pour Jade Pilon, au contraire, l'État…
Jade Pilon prétend que tous les types de commerce…
Le consommateur est le premier bénéficiaire de cette situation parce qu(e)…
Avec cette concurrence, le petit commerce…

4 Moyens de communication

① _Le Journal des Affaires_ est un journal économique. Il utilise plusieurs moyens pour communiquer avec les lecteurs.

a. Lisez la leçon du jour.

b. Dites à quel type d'opération se rattache chacun des moyens suivants. Trouvez la réponse dans la leçon du jour et indiquez le numéro correspondant.

Ex. : _Le Journal des affaires envoie gratuitement des exemplaires du journal à des lecteurs potentiels._ 4

1. Il propose des tarifs avantageux aux étudiants. ☑

2. Il offre des réductions de prix aux marchands de journaux. ☐

3. Il organise des visites de son imprimerie. ☐

4. Il participe au Salon de la presse. ☑

5. Il organise des campagnes d'affichage. ☑

6. Il distribue des affichettes dans les kiosques à journaux. ☐ 3

7. Il offre une montre à tout nouvel abonné. ☐ 6

8. Il apporte un soutien financier à des expositions de peinture. ☐ 8

② Vrai ou faux ? Pourquoi ?

1. La publicité à la radio convient bien aux produits de grande consommation.

2. Une affiche publicitaire doit comporter beaucoup de texte écrit.

3. Dans la presse, un message publicitaire peut être long et argumenté.

4. La publicité en ligne (sur Internet) deviendra bientôt le premier moyen de communication publicitaire.

③ Maxime est un jeune créateur de mode. Il crée des vêtements haut de gamme pour femmes.

Tous ses amis disent qu'il a beaucoup de talent. Avec l'aide de ses parents, il vient d'ouvrir une boutique à Paris, à proximité d'une gare. Comme chaque vêtement est une création exclusive, les prix sont élevés (ex. : un tailleur = 700 euros).

Pour inaugurer sa boutique, Maxime a organisé un défilé de mode. Ses amis, venus nombreux, ont acheté plusieurs vêtements. Aujourd'hui Maxime souhaiterait se faire connaître auprès d'une clientèle plus large, et pas seulement auprès de ses amis.

Que pouvez-vous lui conseiller ?

 Leçon du jour

COMMENT COMMUNIQUER

• La publicité

1. La publicité **par** mass media : télévision, radio, presse, affichage, cinéma, Internet.

2. La publicité directe : imprimés (lettres de vente, dépliants, catalogues, etc.) distribués par la poste (publipostage) ou par des « porteurs à domicile », courriers électroniques (e-mails), appels téléphoniques, contacts personnels (vendeurs visitant la clientèle, responsables de stands dans les foires, salons professionnels, etc.).

3. Publicité sur le lieu de vente (dans le magasin) : enseigne, animation du magasin, mise en avant du produit, etc.

• La promotion des ventes

4. Distribution d'échantillons gratuits.

5. Réductions de prix au consommateur.

6. Cadeaux, primes, concours.

7. Promotions pour les distributeurs

• La communication institutionnelle

8. Le parrainage (sponsoring) : l'entreprise finance des événements sportifs (ex. : Tour de France) ou culturels (ex. : concert).

9. Les relations publiques : communiqués de presse, visites d'entreprises, réceptions, etc.

④ Vous travaillez pour Bongou, une entreprise agroalimentaire employant 250 salariés.

Il y a un mois, Bongou a lancé une barre en chocolat sous une nouvelle marque : la marque « Mir ». Pour faire connaître ce produit, le responsable du marketing envisage de parrainer (= sponsoriser) un jeu télévisé. Ce jeu est particulièrement apprécié des personnes âgées. Un projet de contrat entre Bongou et le producteur du jeu prévoit que, pendant l'émission, les joueurs porteront une casquette portant le nom « Mir ». Toutefois, personne ne pourra mentionner le nom du produit.
Êtes-vous favorable à cet accord ? Pourquoi ? Que proposez-vous ?

⑤ Pour capter l'attention des consommateurs, la publicité utilise des slogans.

Quels produits associez-vous aux slogans suivants ?

1. Grande à l'intérieur, petite à l'extérieur.
2. On n'est pas belle par hasard.
3. L'information n'est jamais trop exacte.
4. Rappelle-toi, appelle-moi.

⑥ Le message publicitaire suivant a été diffusé à la radio. Lisez-le. Quel est le produit proposé ? Où se passe la scène ? Où se trouve Mme Dupont ? À votre avis, combien d'acteurs ont enregistré ce message ?

> – Bonjour, jeune homme, où est-ce que vous allez avec ce colis ?
>
> – Je cherche l'emplacement de la voiture de Mme Dupont.
>
> – Alors, c'est le 16 A, vous allez au fond du parking, à droite, dans l'allée A.
>
> – Merci... Madame Dupont, un colis pour vous.
>
> – Entrez, je vous en prie.

Depuis qu'Ambi-Pur a créé Ambi-Pur Car, le diffuseur de parfum rechargeable, spécialement conçu pour la voiture, c'est fou le nombre de gens qui vivent dans leur voiture !

AMBI-PUR CAR,
DISPONIBLE EN GRANDE SURFACE,
AU RAYON ENTRETIEN.

⑦ 🎧 Écoutez le message d'Ambi-Pur.

a. Y a-t-il des différences avec le texte de l'exercice 6 ?

b. Que pensez-vous de ce message ? Quelles sont les qualités d'un bon message publicitaire radiophonique ?

⑧ Choisissez l'un des produits suivants :
une confiture - un cours de langue - un club de vacances - un shampoing - un journal - une banque - un hypermarché.

a. Trouvez un nom de marque à ce produit. Imaginez un slogan.

b. Préparez, puis jouez un spot (message) publicitaire de 15 à 30 secondes pour la radio. Travaillez à trois ou quatre personnes. Inspirez-vous du modèle de message d'Ambi-Pur Car.

Le discours rapporté

Mettez les questions suivantes au discours rapporté. Commencez ainsi : « *Elle veut savoir...* ».

1. Qu'est-ce que je peux faire pour changer l'image de mon entreprise ?
2. À quel moment est-ce que nous devons commencer notre campagne d'affichage ?
3. Est-ce qu'il nous faut participer au Salon de Paris ?
4. Qu'est-ce qui est le plus rentable ?

→ **Voir page 105.**

Force de vente

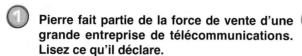 **Pierre fait partie de la force de vente d'une grande entreprise de télécommunications. Lisez ce qu'il déclare.**

Pierre, vendeur : « Il revient moins cher à l'entreprise d'employer des vendeurs que de faire de la publicité. »

Êtes-vous d'accord ?

② **Le texte suivant raconte la naissance d'un produit, le MX76. Lisez-le.**

Comment est né le MX76

Tamara, vendeuse dans une entreprise informatique, rend visite à un client. Comme le produit ne convient pas tout à fait, le client demande quelques modifications.

De retour à son entreprise, Tamara fait part de la demande de son client, et le produit est modifié. Elle rend ensuite deux autres visites à ce même client qui, à chaque fois, demande des modifications, et à chaque fois, le produit est modifié.

Finalement, un nouveau produit apparaît – c'est le MX76 – et un nouveau marché s'ouvre pour l'entreprise.

a. Qui est à l'origine du MX76 ?

b. Quels sont les avantages de la force de vente par rapport à la publicité ?

③ **Voici trois différents modes de rémunération du vendeur. À votre avis, quels sont les avantages et les inconvénients de chacun d'eux ?**

Commission, *n.f.* - Pourcentage du chiffre d'affaires réalisé par le vendeur.

Fixe, *n.m.* - Revenu assuré et régulier, qui ne tient pas compte du résultat.

Prime, *n.f.* - Pourcentage plus élevé sur certains articles.

④ **Complétez la leçon du jour ci-dessous avec les mots suivants :**

accueillir - argumenter - conclure - découvrir - traiter les objections

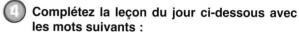 **Leçon du jour**

L'ENTRETIEN DE VENTE

Pour réussir la vente, le vendeur a intérêt à respecter les étapes suivantes.

Étape 1 : _____

Le premier contact est important. Le vendeur doit maîtriser ses attitudes, gestes, sourires, regards, etc.

Étape 2 : _____

Le vendeur pose des questions pour comprendre les besoins du client. Il sait écouter et faire parler le client.

Étape 3 : _____

Le vendeur présente les avantages du produit pour le client.

Étape 4 : _____

Le vendeur reformule les objections, puis il répond avec calme en donnant des explications.

Étape 5 : _____

Après avoir traité les objections, le vendeur essaye de conclure la vente.

⑤ **Voici des phrases prononcées par un vendeur au cours d'un entretien de vente. A quelle étape de l'entretien ont-elles été prononcées ?**

Ex. : Que puis-je faire pour vous ? → *Étape 1.*

1. C'est pratique et bon marché, c'est exactement ce que vous cherchez.
2. Vous payez en espèces ou par chèque ?
3. Si j'ai bien compris, vous voulez savoir si c'est facile à utiliser, n'est-ce pas ?
4. Avez-vous des enfants ?

⑥ **Êtes-vous d'accord avec les affirmations suivantes ?**

1. Au cours d'un entretien de vente, le vendeur doit commencer par présenter les produits.
2. Il doit argumenter pour découvrir les besoins du client.
3. Il encourage le client à parler.
4. Dans certains cas, il n'hésite pas à tromper le client.

7 **Vous êtes vendeur. Le client vous dit :** « J'aimerais pouvoir comparer avec d'autres produits. » Que pensez-vous de chacune des réponses suivantes ? Laquelle préférez-vous ?

1. Ne vous inquiétez pas ! Vous ne risquez rien avec nos produits.

2. Vous, vous êtes en train de chercher une excuse pour ne pas acheter.

3. Les comparaisons ne servent pas à grand chose, vous savez.

4. Mon père est comme vous, il aime bien juger en connaissance de cause.

5. Il est très utile de faire des comparaisons pour se décider.

6. Je ne comprends pas, quel genre de comparaison voulez-vous faire ?

8 **Un client entre chez un opticien.**

a. Complétez les mentions manquantes de l'entretien suivant.

b. Écoutez et vérifiez vos réponses.

c. Que pensez-vous de l'attitude de la vendeuse ?

Vendeuse : Bonjour, monsieur, (1) _____ ?

Client : Je voudrais des lunettes de soleil.

Vendeuse : Quel type de lunettes (2) _____ ?

Client : Vous vendez la marque Cébé ?

Vendeuse : (3) _____. Avez-vous une préférence pour la monture ?

Client : Les lunettes rouges, dans cette vitrine, combien coûtent-elles ?

Vendeuse : 140 euros.

Client : 140 euros ? C'est cher, je trouve.

Vendeuse : (4) _____. C'est une monture de bonne qualité, et les verres sont très performants. Voulez-vous (5)_____. ?

Client : Je veux bien.

Vendeuse : Elles vous vont très bien. (6) _____ ?

Client : C'est vrai. Euh… bon, je crois que je vais les prendre.

Vendeuse : (7) _____ autre chose ? Un étui ?

Client : Non merci. J'ai tout ce qu'il faut.

Vendeuse : Comment (8) _____ ?

Client : Par carte bancaire.

Vendeuse : Très bien, monsieur. Vous pouvez insérer votre carte… Voilà votre ticket, merci.

J'AIMERAIS POUVOIR COMPARER AVEC D'AUTRES PRODUITS.

L'infinitif, complément du verbe

Complétez les phrases avec *à, de, par* ou *Ø*, si une préposition n'est pas nécessaire.

1. D'abord un bon vendeur tâche _____ découvrir les besoins de son client.

2. Il commence _____ poser des questions.

3. Il évite _____ trop parler, il aime mieux _____ écouter le client.

4. Il s'efforce _____ bien comprendre ce que veut le client.

5. Il est capable _____ mettre en avant les avantages du produit.

6. Il veut _____ satisfaire le client, il n'essaye pas _____ le tromper. Il ne cherche pas _____ vendre n'importe quoi.

7. Il préfère _____ être honnête. Il pense qu'il vaut mieux _____ garder la confiance du client.

8. Il ne craint pas _____ répondre aux objections.

9. Il finit _____ conclure la vente.

JOUEZ À DEUX ● ● ● ● ●

Personne A (vendeur) : Consultez le dossier 9, page 92.
Personne B (acheteur) : Consultez le dossier 9, page 96.

Bilan de compétences

A. Lire

1 Lisez cette lettre et dites si les affirmations suivantes sont vraies ou fausses.

ASSURANCE

OCÉANE
Société d'assurances
depuis 1928

« Superfamille »

Pour vous,
un cadeau
+ *une chance*
de gagner
50 000 €

Monsieur Bernard TAILLEFER
56, rue Cassette
75006 PARIS

DERNIER AVIS !

Cher monsieur Taillefer,

Permettez-moi de revenir vers vous. Sans nouvelle de votre part, je m'inquiète de ne plus pouvoir vous faire profiter de notre offre exceptionnelle sur l'Assurance Superfamille.

*En effet, **un cadeau entièrement gratuit vous attend…** Préférez-vous la montre de la prestigieuse marque Zip ou la jolie valise à roulettes qui vous sera si pratique pour tous vos déplacements ? Indiquez-nous vite votre choix sur la demande de documentation ci-jointe. Vous recevrez votre cadeau dans les quinze jours.*

*Par ailleurs, je serai vraiment très heureuse de vous faire participer gratuitement à **notre grand jeu de Noël**. Pour cela, il vous suffit de remplir et de nous retourner le questionnaire ci-joint qui vous permettra peut-être de gagner **50 000 euros** !*

*Enfin, parce que **protéger votre famille est notre vocation première** et parce que nous voulons répondre au mieux à vos besoins, je vous propose de vous envoyer une documentation complète sur l'Assurance Superfamille. En effet, j'ai à cœur qu'à votre tour vous puissiez découvrir tous les attraits de ce contrat qui connaît, depuis de nombreuses années, un vif succès.*

J'attends avec impatience de vos nouvelles et vous dis à très bientôt.

Bien cordialement,

Chantal Vasseur

Vrai ou faux ? Pourquoi ?

1. Chantal Vasseur a déjà écrit à M. Taillefer.
2. L'assurance « Superfamille » est un tout nouveau contrat de Océane.
3. Pour recevoir un cadeau, M. Taillefer doit simplement demander une documentation.
4. Une demande de documentation et un questionnaire sont joints à cette lettre.
5. Pour participer au grand jeu de Noël, M. Taillefer doit obligatoirement demander une documentation.

2 **L'article suivant présente les nouveaux outils technologiques qui seront bientôt utilisés par les grandes surfaces.**
Lisez-le, puis retrouvez ci-dessous l'avantage de chacun de ces outils. La solution est donnée pour le premier avantage.

Le magasin du XXIᵉ siècle

Même si le commerce électronique se développe peu à peu, les magasins traditionnels ne vont pas disparaître pour autant. Les nouvelles technologies y pénètrent également. De nouveaux outils vont permettre d'améliorer la gestion interne du magasin et la sécurité, de faciliter la relation commerciale avec les consommateurs, et de vendre davantage. En voici quelques-uns déjà disponibles ou sur le point de l'être.

1. Catalogues électroniques. Ces catalogues, qui peuvent être consultés par le client, contiennent des centaines de références de couleurs et de motifs.

2. Caisses d'enregistrement multimédia. Les produits que le caissier enregistre apparaissent sur l'écran avec des informations techniques. La machine signale également les articles complémentaires ou de promotion.

3. Étiquettes de gondoles électroniques. Ces étiquettes en cristaux liquides affichent le prix en temps réel et sont facilement modifiables par radiofréquences. Elles indiquent le prix en plusieurs devises ainsi que les promotions en cours.

4. Étiquettes de produits intelligentes. Lorsque le client passe le long d'un portillon à la caisse du magasin, tous les code-barres des produits qu'il a mis dans son chariot sont lus automatiquement. La somme totale à payer s'inscrit immédiatement et le client n'a plus qu'à régler.

5. Reconnaissance des signatures. Pour lutter contre les chèques volés, les magasins stockent dans une base de données les signatures des clients. À chaque fois qu'un client établit un chèque, sa signature est comparée à l'original et authentifiée.

6. Self-scanning. Les clients peuvent enregistrer leurs achats au moyen de scanners portables qui lisent les code-barres. Ils savent en permanence quelle sera la somme totale à payer.

Source : *L'Entreprise*, février 1998.

3 Les clients peuvent connaître le prix en dollars des articles.
☐ Cet outil accroît la sécurité des moyens de paiement.
☐ Le caissier peut fournir aux clients des informations sur les produits.
☐ Le passage à la caisse est plus rapide.
☐ Les clients peuvent visualiser tous les produits avant de les acheter.
☐ Les clients peuvent connaître à tout moment le prix total de leurs achats.

B. 🎧 Écouter

1 **Le questionnaire suivant porte sur la lecture des adolescents en dehors de l'école.**
Lisez ce questionnaire, puis écoutez un enquêteur interviewer un adolescent et remplissez le questionnaire.

Pratiques
de lectures

1. En dehors de l'école, combien de livres lis-tu chaque mois ?
☐ 0   ☐ 1   ☐ 2   ☐ 3   ☐ 4   ☐ Plus de 4

2. Comment choisis-tu un livre ?
☐ Conseils de camarades   ☐ Page de couverture
☐ Conseils d'adultes   ☐ Autres : _____

3. Pourquoi lis-tu ?
☐ Pour apprendre   ☐ Pour me distraire
☐ Autres : _____

4. Quels sont les sujets qui t'intéressent ?
☐ L'amour   ☐ L'amitié   ☐ La mort
☐ Le sport   ☐ La guerre   ☐ La violence
☐ L'actualité   ☐ Autres : _____

5. Quel type de textes préfères-tu ?
☐ Le roman   ☐ Le documentaire   ☐ La BD
☐ La nouvelle   ☐ Le théâtre   ☐ La poésie
☐ La biographie ☐ Autres : _____

6. Quelles sont les principales qualités que doit avoir un livre pour te plaire ?

7. Quels sont tes deux auteurs préférés ?

2 **Écoutez quatre messages publicitaires diffusés à la radio et complétez les slogans suivants.**

Message 1 : ___parfum___ Sensation, une nouvelle ___sensation chaque jour___
Message 2 : ___l'aspirateur___ Tornade, rien ___ne doives echappe___
Message 3 : ___le café___ Palmier, le ___café qui apporte la douceur___
Message 4 : MAAF, _____

C. ✒ Écrire

La société Lauréade s'apprête à lancer une nouvelle crème de beauté, la crème Anaïs. Avant de lancer ce produit, Camille, la responsable commerciale, décide de réaliser un test de vente dans un supermarché. Un contrat est conclu le 3 mars avec le supermarché Casseprix. L'opération, qui doit durer quatre semaines, débute le 10 mars, comme prévu.

Au cours d'une visite qu'elle effectue chez Casseprix le 17 mars, Camille remarque de graves irrégularités. Contrairement au contrat du 3 mars, les produits Anaïs sont placés par terre et le matériel publicitaire n'est pas installé. Camille demande alors à voir le responsable du magasin. « Impossible, lui répond-on, monsieur Lechef a pris deux jours de congé. ».

De retour à son bureau, Camille décide d'envoyer une lettre de réclamation à Casseprix. *« Tel qu'il a été pratiqué, le test n'a aucune valeur et doit donc être prolongé d'une semaine, dans les conditions prévues au contrat »,* estime-t-elle.

Voici le début de chacun des paragraphes de la lettre de Camille. Ces paragraphes sont dans le désordre. Mettez-les dans l'ordre, puis écrivez la lettre.

☐ En effet, contrairement aux clauses de notre contrat du 3 mars, …
☐ Veuillez recevoir…
☐ Je vous prie donc de…
☐ Lors de ma visite…
☐ Je reste dans l'attente…
☐ Lorsque j'ai voulu vous faire part de mes observations, il m'a été répondu…
☐ Tel qu'il a été pratiqué, le test…

Lauréade
Beauté et cosmétique

CASSEPRIX
98, av. Michelet
93170 BAGNOLET

Objet : ...

Drancy, le 17 mars 2015

À l'attention d(e)...

Société anonyme au capital de 37 000 Euros
63 rue Voltaire - 93700 DRANCY
Tél. 01 43 62 97 46 – Fax. 01 43 63 78 62
www.lauréade.eur

D. Parler

La société Meyer vend des filtres à eau dans le monde entier. Elle exporte en Asie, par l'intermédiaire d'un agent importateur, Paul Chen.

JOUEZ À DEUX

Depuis quelques jours, un vendeur de l'entreprise, Victor Dujardin, est au Japon. Il rend visite à un client, M. Suzuki.
Les personnes A et B travaillent au siège social de Meyer à Paris. A vient de recevoir un e-mail de Victor Dujardin. B vient de recevoir un e-mail de Paul Chen concernant la mission de Victor Dujardin au Japon.
Personne A : Consultez le dossier 11, page 92.
Personne B : Consultez le dossier 11, page 96.

Correspondance professionnelle

Prise de contact

1 **L'entreprise a des relations avec de nombreux partenaires.**

a. Lisez la leçon du jour.

b. L'expéditeur de la lettre suivante est une entreprise de services informatiques. Trouvez le destinataire dans la leçon du jour.

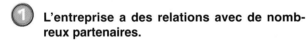

> Genève, le 7 mars 2015
>
> Madame, Monsieur,
>
> Je souhaiterais embaucher M. John Turnover, de nationalité américaine, comme chef de projet.
> Je vous serais reconnaissant de bien vouloir m'envoyer le formulaire pour l'embauche d'un étranger.
> Veuillez recevoir, Madame, Monsieur, mes meilleures salutations.
>
> Louis Lefloch

2 **Ajoutez l'une des trois phrases suivantes à la lettre de M. Lefloch. Dans quelle situation pourriez-vous utiliser les deux autres phrases ?**

1. Je reste dans l'attente de votre réponse.
2. Je vous en remercie par avance.
3. Je reste à votre disposition pour tout renseignement complémentaire.

3 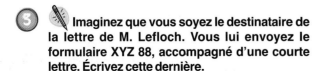 **Imaginez que vous soyez le destinataire de la lettre de M. Lefloch. Vous lui envoyez le formulaire XYZ 88, accompagné d'une courte lettre. Écrivez cette dernière.**

LEÇON DU JOUR

LES PARTENAIRES DE L'ENTREPRISE

L'entreprise a des échanges avec :
– les administrations publiques : le fisc, le bureau d'immigration, la Sécurité sociale, etc.
– ses clients (les acheteurs) ;
– ses fournisseurs (les vendeurs), qui lui fournissent :
  • des biens de consommation (matières premières, petit matériel de bureau, etc.) et des biens d'équipement (machines, véhicules de transport, meubles, etc.) ;
  • des services : banques, transporteurs, assureurs, etc.

Comment demander

Classez les expressions suivantes de la moins formelle à la plus formelle.

☐ Je vous prie de m'envoyer…
1 Envoie-moi…
☐ Merci de m'envoyer…
☐ Pourrais-tu m'envoyer… ?

4 **Valérie Kaufman travaille à Paris. Elle s'apprête à faire un voyage d'affaires au Brésil.**
Avant son départ, elle envoie l'e-mail suivant à un correspondant à Rio de Janeiro.

De : Valérie Kaufman
A : Manuel Tavares
Date : mardi 23 octobre 2015 10:18
Objet : Voyage à Rio

Cher Manuel,
Je serai à Rio du 3 au 6 novembre et je serais heureuse de te présenter notre nouvelle gamme de produits.
Pourrions-nous nous rencontrer à ton bureau le 4 novembre à 11 heures ?
J'aimerais loger dans un meilleur hôtel que celui de février dernier. Peux-tu me réserver une chambre dans un hôtel confortable pour trois nuits ? Merci de me rendre ce petit service.
Cordialement,
Valérie Kaufman

Vrai ou faux ?
1. Valérie est une cliente de Manuel.
2. Elle est allée au Brésil cette année.
3. Valérie et Manuel sont des amis intimes.

 5 **Imaginez que Valérie veuille inviter Manuel dans un restaurant de Rio.**
Que devrait-elle écrire de plus ? Donnez des détails. Ajoutez un texte de 30 mots au moins.

 6 **Imaginez que Valérie connaisse peu Manuel.**
a. Que devrait-elle changer à son e-mail ?
b. Récrivez un message formel.

De : Valérie Kaufman
A : Manuel Tavares
Date : mardi 23 octobre 2015 10:18
Objet : Voyage à Rio

Cher Monsieur,

---

7 **Le 25 octobre, Valérie Kaufman reçoit un appel téléphonique de son agent de voyage.**
Écoutez et/ou lisez l'entretien suivant. Quel est le problème ? Qu'est-il décidé ?

Valérie Kaufman : Allô, j'écoute.

Agent de voyage : Bonjour, pourrais-je parler à madame Kaufman ?

Valérie Kaufman : C'est elle-même.

Agent de voyage : C'est l'agence Touraffaire à l'appareil. Je vous appelle au sujet de votre voyage à Rio. Je viens d'apprendre que le vol du 2 novembre était complet.

Valérie Kaufman : Aïe ! C'est embêtant !

Agent de voyage : En revanche, il y a de la place pour le vol du lendemain. Voulez-vous que je fasse une réservation ?

Valérie Kaufman : Pour le vol du 3 novembre, alors ?

Agent de voyage : Oui, le départ est à la même heure, et l'arrivée à Rio est prévue le 4 novembre, à 11 heures du matin.

Valérie Kaufman : Euh… écoutez… entendu, faisons comme ça.

Agent de voyage : Je vous envoie votre billet aujourd'hui.

Valérie Kaufman : Très bien, merci.

Agent de voyage : Je vous en prie, au revoir, madame.

Valérie Kaufman : Au revoir.

8 **Valérie Kaufman doit maintenant informer Manuel de ce changement.**
Mettez-vous à sa place et écrivez un e-mail à Manuel dans le style de l'exercice 4.

De : Valérie Kaufman
A : Manuel Tavares
Date : jeudi 25 octobre 2015 14 : 48
Objet : RE : Voyage à Rio

Cher Manuel,

Commande en ligne

1 Lisez la leçon du jour. À votre avis, quel est le meilleur moyen de passer commande ?

2 Vous trouvez le document suivant dans un journal. De quel type de document s'agit-il ?

chaPitre.com
21, rue de l'Échiquier
75010 PARIS

Nom et adresse du client :
Adrien Wagner
Attilaplatz 11
....
....

Moyens de paiement
☐ chèque
☑ carte bancaire
☐ espèces

Désignation	Prix unitaire	Qté	Prix total
	Sous-total		
	Emballage		
	Port		
	TOTAL		

3 L'article suivant présente *chaPitre.com*, **une librairie en ligne. Lisez-le.** À votre avis, quels sont les avantages de chaPitre.com par rapport à une librairie traditionnelle ? Voyez-vous des inconvénients ?

> ### Une librairie aux rayons infinis
> Avec 400 000 livres neufs dans son catalogue, chaPitre.com propose l'ensemble des livres neufs distribués en France. Grâce à un réseau de 115 librairies partenaires, chaPitre.com propose également un catalogue de 800 000 ouvrages anciens ou épuisés : nul besoin de courir les bouquinistes pour trouver une édition rare.

4 **Prenez connaissance du document de la page 65.**

a. De quel type de document s'agit-il ?

b. ✎ Imaginez que, pour passer sa commande, ce client ait rempli le formulaire de l'exercice 2. Mettez-vous à sa place et remplissez ce formulaire.

Leçon du jour

LA COMMANDE

- Le client peut passer commande :
  – par téléphone ;
  – par lettre ;
  – en remplissant un formulaire : le bon de commande.
- Il peut envoyer la lettre ou le bon de commande par la poste, par télécopie (fax) ou par courrier électronique (e-mail).
- L'accusé de réception de la commande est un document par lequel le fournisseur confirme qu'il a bien reçu la commande.

La condition

Mettez les verbes entre parenthèses aux mode et temps qui conviennent.

1. Si votre offre (être) _____ intéressante, nous vous passerons commande.

2. Si votre offre était intéressante, nous vous (passer) _____ commande.

3. Si votre offre avait été intéressante, nous vous (passer) _____ commande depuis longtemps.

4. Nous vous passerons commande à condition que votre offre (être) _____ intéressante.

5. Au cas où votre offre (être) _____ intéressante, nous passerions commande.

→ **Voir page 108.**

JOUEZ À DEUX ● ● ● ● ●

Maxime, un jeune créateur de mode parisien, est à la tête d'une petite entreprise de prêt-à-porter, spécialisée dans le vêtement haut de gamme pour femmes. Il s'interroge sur l'opportunité de créer un site de commerce électronique et a demandé conseil à SFR, un cabinet de consultants.
Personne A : Consultez le dossier 12, page 93.
Personne B : Consultez le dossier 10, page 96.

chaPitre.com

Titre/Auteur [_____] ok

| Votre commande | Livres neufs | Livres anciens | @ Contact |

Bonjour,
Nous avons bien enregistré sur chaPitre.com votre commande **n° 304238** du 27/08/2015 à 23 h 49 et nous vous en remercions.

Voici le détail de votre commande :

Numéro de votre commande : 304238

LIVRAISON ET COMMANDE	FACTURATION ET PAIEMENT
Adresse de livraison	**Adresse de facturation**
• Adrien Wagner Attilaplatz 11 1000 Berlin 19 Allemagne • awagner@nikoma.eur • Emballage cadeau : aucun	• Adrien Wagner Attilaplatz 11 1000 Berlin 19 Allemagne • awagner@nikoma.eur
Mode de livraison	**Mode de paiement**
• Courrier postal	• Carte bancaire 100 % sécurisé SSL
Article(s)	**Paiement**
• COURRIER d'AFFAIRES, Chen, Éditions Dumoulin 14,25 euros - Quantité : 1	• Montant des articles : 14,25 euros • Emballage cadeau : 0 euro • Frais de port : 4,50 euros • Montant total : 18,75 euros

Nous vous remercions pour votre confiance et vous souhaitons une bonne lecture.

Le service client de chaPitre.com

Nous vous rappelons que les livres anciens de nos catalogues sont détenus en un seul exemplaire par nos partenaires libraires. Si un livre vient d'être vendu juste avant votre commande, nous vous prévenons très rapidement. Bien sûr, votre règlement n'est encaissé qu'à l'expédition des ouvrages.

Service clientèle

1 **La lettre suivante concerne une livraison incomplète.** Les paragraphes sont dans le désordre. Lisez la leçon du jour ci-contre, puis mettez ces paragraphes dans l'ordre.

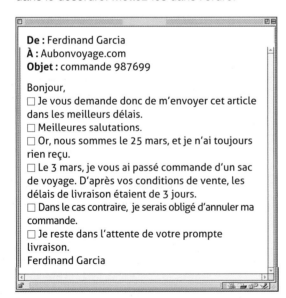

> **Réf. :** commande n°45AX du 9 juin
> **Objet :** livraison incomplète
>
> Madame, Monsieur,
>
> ☑ Toutefois, en déballant la marchandise, nous avons constaté qu'il manquait trois chapeaux.
>
> ☐ Nous vous en remercions par avance.
>
> ☑ En conséquence, nous vous serions reconnaissants de nous expédier les chapeaux manquants.
>
> ☐ Nous avons bien reçu ce jour les chapeaux faisant l'objet de notre commande référencée ci-dessus.
>
> ☐ Veuillez recevoir, Madame, Monsieur, nos salutations distinguées.
>
> Amélie Petipont

2 **L'e-mail suivant concerne une réclamation pour retard de livraison.** Les paragraphes sont dans le désordre. Mettez-les dans l'ordre.

> **De :** Ferdinand Garcia
> **À :** Aubonvoyage.com
> **Objet :** commande 987699
>
> Bonjour,
> ☐ Je vous demande donc de m'envoyer cet article dans les meilleurs délais.
> ☐ Meilleures salutations.
> ☐ Or, nous sommes le 25 mars, et je n'ai toujours rien reçu.
> ☐ Le 3 mars, je vous ai passé commande d'un sac de voyage. D'après vos conditions de vente, les délais de livraison étaient de 3 jours.
> ☐ Dans le cas contraire, je serais obligé d'annuler ma commande.
> ☐ Je reste dans l'attente de votre prompte livraison.
> Ferdinand Garcia

Leçon du jour

LA LETTRE DE RÉCLAMATION

De nombreuses situations peuvent donner lieu à réclamation de la part du client.
Ex. : la marchandise est livrée avec retard ou en mauvais état.
En écrivant une lettre de réclamation, il est important de présenter ses idées dans un certain ordre. Pour cela, suivez les étapes suivantes :
1. racontez les événements à l'origine de la réclamation ;
2. expliquez le problème en détail ;
3. proposez une solution et/ou formulez une demande ;
4. concluez ;
5. saluez.

La cause

Les phrases suivantes sont extraites de différentes lettres. Complétez-les avec *à force de, car, comme, en effet, en raison de, faute de, qui*.

1. _____ les articles manquants ont déjà été facturés, nous comptons sur une livraison rapide.

2. Nous ne pouvons pas accepter ces articles _____ ils ne sont pas conformes à notre commande.

3. _____ réclamer, nous espérons obtenir satisfaction.

4. _____ preuves, nous n'avons rien pu réclamer.

5. _____ votre négligence, les articles nous sont parvenus avec retard.

6. La société Drouin, _____ vend des produits périmés, a été condamnée à une lourde amende.

7. La livraison est incomplète. _____, vous nous avez livré 50 boîtes au lieu des 100 boîtes que nous vous avions commandées.

→ **Voir page 101.**

3 🎧 **Le magasin Télitech vend du matériel informatique.**

Écoutez et/ou lisez ci-dessous la conversation téléphonique entre Fabien, un employé du service clientèle de ce magasin, et une cliente.

Cette conversation permet-elle de répondre aux questions suivantes ? Si oui, indiquez la réponse.

1. Quelle est la date de la commande ?
2. À quelle date a eu lieu la livraison ?
3. Qui a livré la marchandise ?
4. La cliente a-t-elle obtenu satisfaction ?

Fabien : *Service après-vente Télitech, bonjour. Fabien Vaillant à l'appareil.*

Cliente : *Bonjour, monsieur. Je vous appelle au sujet d'un problème de livraison. Voilà : le 18 mai, j'ai passé commande d'un bureau pour ordinateur, par Internet, et...*

Fabien : *Pouvez-vous me communiquer le numéro de votre commande, madame ?*

Cliente : *Oui, alors, attendez... C'est le numéro 1768 et... euh... la référence du bureau est le 00539. C'est un bureau en kit, à monter soi-même, avec la notice de montage.*

Fabien : *Oui, je vois, vous êtes madame Rossi, n'est-ce pas ?*

Cliente : *C'est bien ça, Sabine Rossi.*

Fabien : *Et vous avez commandé une table informatique.*

Cliente : *Oui, et alors, j'ai bien reçu la table, mais je n'ai pas réussi à la monter parce qu'il manque une pièce, c'est la planche n° 6.*

Fabien : *Je suis désolé, madame. Je vais faire le nécessaire pour qu'on vous envoie la pièce manquante immédiatement.*

Cliente : *Merci bien.*

Fabien : *Je vous en prie. Au revoir, madame.*

Cliente : *Au revoir.*

4 ✎ **Imaginez qu'au lieu de téléphoner, Sabine Rossi envoie un e-mail à Télitech.**

Mettez-vous à sa place et rédigez cet e-mail.

De : Sabine Rossi
A : Télitech
Date : 28 mai 2015   9 :12
Objet :

JOUEZ À DEUX ●○○●●

Personne A : Consultez le dossier 10, page 92.
Personne B : Consultez le dossier 12, page 97.

5 **À votre avis, que signifie le titre de cet ouvrage ?**

Bernard Legeay

L'après-vente fait vendre

ÉDITIONS TOLBIAC

6 **Les textes suivants sont extraits de l'ouvrage ci-dessus. Lisez-les. Êtes-vous d'accord avec les opinions exprimées ?**

Pour formuler une réclamation, il vaut mieux écrire que téléphoner. Une lettre ou un e-mail fixe l'attention plus que les paroles.

Quand un client réclame, il faut toujours lui dire qu'il a raison. Pourquoi ? Parce qu'un client mécontent racontera son expérience à ses amis, à ses collègues, et l'entreprise perdra ainsi beaucoup plus qu'un client.

Une réclamation, qu'est-ce que c'est ? C'est une opportunité, une chance pour l'entreprise.

Règlement de facture

1 **Le plus souvent, le commerçant ne paie pas son fournisseur au comptant : il paie à terme.**

a. Lisez la leçon du jour ci-contre.

b. Dites si les affirmations suivantes sont vraies ou fausses.

1. Payer au comptant, ça veut dire payer en espèces.
2. Le chèque est un moyen de paiement.
3. La carte bancaire est un délai de paiement.

Leçon du jour

LES DÉLAIS DE PAIEMENT

• Le client peut régler (payer) la facture :
– au comptant, c'est-à-dire immédiatement : au moment de la commande ou à la livraison ;
– à terme, c'est-à-dire après un certain délai.

• Attention ! Ne confondez pas moyens de paiement (espèces, carte bancaire, chèque, virement bancaire, etc.) et délais de paiement.

2 **Vous recevez la lettre suivante. Êtes-vous le client ou le fournisseur ?**

> Madame, Monsieur,
>
> Nous vous adressons ci-joint copie de notre facture du 21 février, d'un montant de 4 320,50 euros.
>
> Malgré notre lettre de rappel du 12 mars, cette facture est restée impayée.
>
> Vous voudrez donc bien nous faire parvenir votre règlement dans les meilleurs délais.
>
> Nous vous en remercions par avance.
>
> Veuillez recevoir, Madame, Monsieur, nos meilleures salutations.

La conséquence

Les phrases suivantes sont extraites de différentes lettres. Pour chacune, retrouvez ci-dessous la conséquence.

Ex. : Nous vous avons facturé 30 boîtes au lieu des 300 que vous avez commandées.
→ *c.*

1. Nous connaissons actuellement quelques difficultés de trésorerie dues à la défaillance d'un client important.
2. Sauf erreur de notre part, la facture n° 560 du 9 mai d'un montant de 854,80 euros est restée impayée à ce jour.
3. Dans votre facture, vous n'avez pas déduit la remise de 2 % que vous nous accordez habituellement.

3 **Répondez à cette lettre en complétant le texte suivant.**

> Madame, *Monsieur*
>
> À la suite de votre *lettre* du 23 mars, veuillez *recevoir* ci-joint un chèque de *400* euros en *règlement* de votre *facture* du 21 *février*
> Nous vous adressons nos *excuses* pour ce *retard* de *paiement*
> Nous vous *prions* de recevoir, *Madame*, Monsieur, nos *salutations* distinguées.

Conséquences

a. Aussi vous serions-nous reconnaissants de nous accorder un délai de paiement d'un mois.

b. Par conséquent, nous vous demandons de nous adresser une nouvelle facture tenant compte de cette réduction.

c. Nous vous envoyons donc une facture rectificative.

d. En conséquence, nous vous prions de nous faire parvenir votre règlement sous huitaine.

→ **Voir page 109.**

4 **Vous êtes commerçant. Malgré vos nombreux rappels, un client refuse de vous régler une facture. Que faites-vous ?**

5 🎧 **Michel Dubreuil est propriétaire d'un magasin de téléphonie mobile. Il téléphone à un fournisseur, la société Ixtel.**
Écoutez et/ou lisez ci-dessous l'entretien téléphonique. Pouvez-vous répondre aux questions suivantes ? Si oui, indiquez la réponse.

a. À quelle date a lieu l'entretien ?

b. Que demande M. Dubreuil ?

c. Que va faire Mme Simon ?

Ixtel : Société Ixtel, bonjour.

M. Dubreuil : Allô, bonjour, madame. C'est Michel Dubreuil à l'appareil, du magasin Crazy Phone. Je souhaiterais parler à la personne qui s'occupe de la facturation… Mme Simon, je crois.

Ixtel : Mme Simon est en réunion pour le moment. Voulez-vous lui laisser un message ?

M. Dubreuil : Oui, s'il vous plaît, c'est au sujet d'une facture que j'ai reçue ce matin. Voilà : ce mois-ci, nous avons modernisé notre magasin et nous avons actuellement quelques petits soucis de trésorerie. Donc, si vous pouviez nous accorder un délai d'un mois, c'est-à-dire… euh… attendre jusqu'au 30 mars pour le règlement, ça nous arrangerait beaucoup.

Ixtel : Écoutez, je poserai la question à Mme Simon. Pouvez-vous m'indiquer le montant et le numéro de la facture ?

M. Dubreuil : Oui, alors… attendez… euh… c'est une facture qui concerne une commande du 7 février… euh… elle est de 1 460 euros, numéro 197… et elle est datée d'hier, du 26 février.

Ixtel : C'est noté, monsieur Dubreuil. Je transmettrai votre demande à Mme Simon et elle vous contactera dès que possible. Au revoir, monsieur.

6 ✒️ **Au lieu de téléphoner, imaginez que M. Dubreuil décide d'envoyer une lettre.**
Voici ci-dessous le début de chacun des paragraphes de cette lettre. Ces paragraphes sont dans le désordre.

a. Mettez-les dans l'ordre.

☐ Nous restons dans l'attente…
☐ Veuillez recevoir…
☐ Nous avons reçu ce jour…
☐ En effet, nous connaissons actuellement…
☐ Nous vous serions reconnaissants de…

b. Écrivez cette lettre à l'attention de Mme Simon.

7 **Dans la lettre suivante, Mme Simon répond favorablement à M. Dubreuil. Complétez les mentions manquantes.**

Paris, le 28 février 2015

Monsieur,

Nous faisons _____ à votre _____ téléphonique du 27 février par lequel vous nous demandez un _____ de paiement d'un mois de la _____ n° 197 du 26 février, d'un _____ de 1 460 euros.

Étant _____ l'ancienneté de nos relations, il nous est agréable de répondre favorablement à votre _____

Nous _____ que cette solution vous aidera à résoudre votre problème.

Nous comptons donc sur votre _____ pour le 30 mars.

Nous vous _____ de recevoir, Monsieur, nos _____ dévouées.

Fanny SIMON
Responsable de la comptabilité

8 ✒️ **Imaginez que Mme Simon réponde négativement à M. Dubreuil et écrivez la lettre.**

9 ✒️ **Nous sommes le 14 avril. Madame Simon a envoyé la lettre de l'exercice 7, mais elle n'a toujours pas reçu de paiement.** Mettez-vous à sa place et rédigez une lettre de rappel à monsieur Dubreuil..

5 Question d'assurance

1 Lisez la leçon du jour ci-contre. Quelle différence faites-vous entre :
1. un risque et un sinistre ;
2. un sinistre et un dommage ;
3. une prime et une indemnité.

2 L'e-mail suivant de Caroline Moreno est incomplet. Trouvez dans la leçon du jour les deux mots qui manquent.

> **De :** Caroline Moreno
> **À :** Assurances Primevert
> **Date :** mardi 6 mars 2015 14:18
>
> Messieurs,
> Nous venons d'acquérir un nouveau local pour entreposer des meubles. Nous souhaitons prendre une assurance multirisque (vol, incendie, etc.) pour le bâtiment et
> la marchandise.
> Pourriez-vous visiter les lieux et nous faire une proposition en nous indiquant précisément les _____ couverts et le montant de la _____ ?
> Merci par avance,
> Caroline Moreno

3 Quelques mois plus tard, Caroline Moreno envoie la lettre suivante aux Assurances Primevert.

> Lyon, le 25 sept. 2015
>
> Objet : Police n° 76899001
>
> *Madame, Monsieur,*
> *Une station de service d'essence s'est installée à côté de notre entrepôt.*
> *Je vous demande de prendre bonne note de cette déclaration et d'envoyer sur les lieux l'un de vos agents pour réviser, si nécessaire, notre contrat d'assurance.*
>
> *Veuillez agréer, Madame, Monsieur, mes sincères salutations.*
>
> *Caroline Moreno*

Vrai ou faux ? Pourquoi ?
1. Cette lettre est une déclaration de sinistre.
2. Le risque « vol » s'est aggravé (= a augmenté).
3. En cas d'aggravation du risque, l'assureur est en droit, en principe, d'augmenter la prime.

Le but

Reliez les phrases suivantes avec « *pour* + infinitif » ou « *pour que* + subjonctif ».

*Ex. : L'assureur m'a téléphoné. Nous avons pris rendez-vous. → **L'assureur m'a téléphoné pour que nous prenions rendez-vous.***

1. J'ai lu attentivement la police. Je connais bien mes obligations.
2. J'ai expliqué la situation. L'assureur peut calculer le montant de la prime.
3. Je me suis assuré. Nous sommes garantis contre le risque incendie.
4. J'attends l'expert demain. Il évaluera les dommages.

→ **Voir page 110.**

4 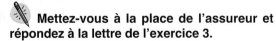 Mettez-vous à la place de l'assureur et répondez à la lettre de l'exercice 3.

– Faites référence à la lettre reçue et prenez note de l'aggravation du risque.
– Proposez la visite d'un agent à une date et une heure déterminées.
– Demandez confirmation.
– Concluez et saluez.

5 La lettre suivante est une déclaration de sinistre.

a. Lisez-la. Que s'est-il passé ?

b. Que demande M. Gaillard ? Quelle indemnité pourrait lui verser l'assureur ?

c. Quels documents sont joints à cette lettre ? Quel document manque-t-il ?

Mathieu GAILLARD
13, rue Rabelais
75 008 PARIS
Tél. : 01 80 66 99 12
mgaillard@wanadoo.eur

Assurances PRIMEVERT
72, boulevard Pasteur
75015 PARIS

Lettre recommandée
V/Réf. : police GJ 998 572

Paris, le 3 mars 2015

Objet : vol

Madame, Monsieur,

Hier, en arrivant chez moi à 18 h 30, j'ai remarqué que ma porte d'entrée était fracturée. J'ai aussitôt constaté que mon ordinateur, d'une valeur de 850 euros, avait disparu.

J'ai fait une déclaration de vol à la police, dont vous trouverez ci-joint la copie. J'ai fait réparer la porte.

Je vous serais reconnaissant de faire le nécessaire pour le règlement rapide de ce sinistre (vol et fracturation de la porte).

Je vous envoie ci-joint une copie de la facture de l'ordinateur. La réparation de la porte a coûté 95 euros.

Je vous prie de recevoir, Madame, Monsieur, mes meilleures salutations.

Mathieu GAILLARD

PJ. 2 : 1 facture
1 déclaration de vol

---

6 **Vous travaillez pour les Assurances Primevert, au service « sinistre ».**
Répondez par lettre à Mathieu Gaillard.

– Dites que vous avez bien reçu sa lettre.
– Informez-le de l'oubli de la facture correspondant à la réparation de la porte.
– Demandez cette facture. Expliquez pourquoi vous en avez besoin.
– Concluez et saluez.

7 Lisez l'article ci-contre.

a. Quelle est la cause présumée du sinistre ? Imaginez d'autres causes possibles.

b. Qui est JCK ? Qui est Travodur ? À votre avis, qui est responsable ?

8 **Mettez-vous à la place d'Anaïs Pontillon, la directrice de l'agence.**
Écrivez aux Assurances Primevert une lettre de déclaration de sinistre.

INCENDIE DANS UNE AGENCE DE LA BANQUE AZUR

Un incendie s'est déclaré hier matin, 6 octobre, dans une agence la banque Azur, située au 71 boulevard Magenta, dans le 10ᵉ arrondissement de Paris. Il n'y a pas de blessé, mais les dégâts sont importants. Une enquête est ouverte pour identifier les causes du sinistre.
« Les dommages sont de l'ordre de 300 000 euros », a indiqué Anaïs Pontillon, la directrice de l'agence. D'après elle, l'incendie est dû à l'appareil de chauffage. *« L'entreprise Travo-dur a installé cet appareil il y a deux ans. Depuis, elle a effectué plusieurs réparations, précisément dans la partie où s'est déclaré l'incendie. »*, a-t-elle expliqué. Un représentant de la société JCK, le fabricant des appareils, joint au téléphone par notre correspondant, a dit qu'ils fabriquaient ces appareils depuis cinq ans et qu'ils n'avaient jamais reçu la moindre réclamation.

■

Bilan de compétences

A. Lire

 Lisez ces trois lettres de réclamation. Chacune contient une phrase qui ne lui appartient pas.
Supprimez cette phrase. Pourquoi n'appartient-elle pas à la lettre ? Que faites-vous de ces phrases ?

Lettre 1

Objet : Carte Visa

Monsieur le Directeur,
Le 4 février dernier, j'ai ouvert un compte courant dans votre agence. Dans le même temps, j'ai demandé une carte bancaire Visa.

Au bout de deux mois de fonctionnement normal de mon compte, ma carte n'est toujours pas disponible.

Je vous prie donc de me fournir cette carte dans les meilleurs délais. Dans le cas contraire, je serais contrainte d'ouvrir un compte dans une autre banque.

J'attends vos instructions concernant cette marchandise.

Recevez, Monsieur le Directeur, mes meilleures salutations.

Lettre 2

Objet : traduction contrat

Madame, Monsieur,

Le 2 mars dernier, vous m'avez confié la traduction (du français vers l'anglais) d'un contrat de franchise entre les sociétés Pumpkin et KM3. Comme convenu, je vous ai envoyé cette traduction le 10 avril.

Depuis lors, je n'ai reçu ni accusé de réception ni paiement pour le travail que j'ai effectué. Je crains donc que ce courrier ne vous soit pas parvenu. Si tel est le cas, je vous serais reconnaissante de prendre contact avec moi.

Dans le cas contraire, je vous prie de bien vouloir me régler le montant de la facture. Je ne peux pas me passer plus longtemps de ce moyen de paiement.

Je vous en remercie par avance.

Je vous prie de recevoir, Madame, Monsieur, mes salutations les meilleures.

Lettre 3

Objet : votre livraison de ce jour

Messieurs,

J'ai reçu ce jour les 100 serviettes que j'avais commandées le 5 février dernier. Ce document était accompagné d'une facture d'un montant de 355 euros.

Toutefois, j'ai été surpris de constater que la marchandise n'était pas de la même qualité que celle que je reçois habituellement. En effet, le tissu est beaucoup moins épais.

Comme ma clientèle est habituée à trouver dans mon magasin des produits de qualité, je ne peux pas conserver le lot que vous m'avez envoyé.

Je vous demande de m'expédier rapidement des serviettes de même qualité que celles que je reçois d'habitude.

Veuillez recevoir, Messieurs, mes salutations distinguées.

2 **Les courriers ci-dessous concernent la société Saint-Fior.**

Lisez-les et répondez aux questions suivantes.

1. Quelle est l'activité de la société Saint-Fior ?
2. La société Saint-Fior est-elle un client de la Maison des conférences ?
3. Est-elle un client de Guillaume Martin ?
4. Que se passera-t-il le 24 février ?
5. Ces quatre courriers nécessitent-ils tous une réponse ?

Saint-Fior
Prêt-à-porter haut de gamme

La société Saint-Fior a le plaisir de vous inviter à la présentation de sa nouvelle collection lors d'un défilé organisé le :

24 Février 2015
à l'Hôtel Impérial

dans la grande salle de réception

Cette présentation sera suivie d'un cocktail.

RSVP

78, avenue des Champs-Élysées
75008 PARIS
01 68 76 44 99   www.stfior.com

De : Saint-Fior
A : Maison des conférences
Date : 9 janvier 2015 10:06
Objet : Salle de réunion

Bonjour,
Nous souhaiterions réserver pour le 23 janvier prochain, de 14 h à 17 h, une salle de réunion pouvant contenir 50 personnes.
Merci de bien vouloir m'indiquer ce que vous pouvez nous proposer. Vos tarifs de l'année passée sont-ils encore valables ?
Meilleures salutations,
Charlotte Magritte

De : Guillaume Martin
A : Saint-Fior
Date : 9 janvier 2015 16:23
Objet : demande de catalogue

Messieurs,
Je vous serais reconnaissant de m'adresser le catalogue de votre nouvelle collection, ainsi que les tarifs correspondants.
Vous voudrez bien me confirmer si vos conditions habituelles de paiement restent inchangées.
Merci par avance.
Salutations distinguées,
Guillaume Martin

Jean-Charles Delamare
Directeur

Madame,
Mes collaborateurs et moi-même vous remercions
pour vos bons vœux et vous souhaitons à notre tour
une très bonne année 2015.

78, avenue des Champs-Élysées   01 68 76 44 99
75008 PARIS   www.stfior.com

B. 🎧 Écouter

1 Lisez le dialogue ci-dessous, puis écoutez l'enregistrement.
Quelles sont les différences ?

> *FOURNISSEUR :* Que pensez-vous des échantillons ?
>
> *CLIENTE :* C'est à peu près ce que je recherche.
>
> *FOURNISSEUR :* C'est un produit très apprécié. Est-ce que le prix vous convient ?
>
> *CLIENTE :* À vrai dire, c'est un peu cher.
>
> *FOURNISSEUR :* Combien d'articles envisagez-vous de commander ?
>
> *CLIENTE :* Une centaine, si nous pouvons nous entendre.
>
> *FOURNISSEUR :* Pour votre première commande, je peux vous proposer une réduction de 10 %.
>
> *CLIENTE :* C'est déjà mieux.

2 Vous allez entendre dix extraits de conversations téléphoniques. Dans chaque cas, vous entendrez seulement parler le client (ou la cliente).
Pour chaque communication, lisez d'abord les phrases suivantes, puis écoutez, et enfin inscrivez votre réponse.

1. Mme A. :
☐ demande une information
☐ passe commande
☐ fait une réclamation

2. M. B. réserve :
☐ une place d'avion
☐ une table de restaurant
☐ une chambre d'hôtel

3. Au total, Mme C. veut passer une commande de :
☐ 30 boîtes ☐ 50 boîtes
☐ 60 boîtes ☐ 80 boîtes

4. M. D. :
☐ annule une commande
☐ modifie une commande
☐ accuse réception d'une commande

5. Le photocopieur est en panne. Mme E. téléphone au fabricant. On lui répond que le réparateur :
☐ est déjà passé la semaine dernière
☐ passera dans la journée
☐ est indisponible pour l'instant

6. M. F. a reçu la marchandise. Mais il y a un problème :
☐ la marchandise n'est pas conforme à la commande
☐ elle est arrivée en mauvais état
☐ elle est incomplète

7. La réclamation de Mme G. porte sur :
☐ un retard de livraison
☐ une livraison incomplète
☐ une erreur de facturation

8. La réclamation de M. H. porte sur un problème de :
☐ facture ☐ livraison ☐ catalogue

9. Mme I. :
☐ passe une nouvelle commande
☐ veut payer moins cher
☐ n'a pas reçu la facture

10. M. J. a bien reçu les calculateurs qu'il avait commandés. Mais les articles :
☐ sont incomplets
☐ ne fonctionnent pas
☐ sont cassés

C. ✎ Écrire

M. Cazenave, propriétaire du restaurant *La Casserole*, a passé commande au magasin **Mobeco.** Il vient de recevoir la facture ci-dessous. Avant de payer, il contrôle cette facture et la compare à la liste de prix (ci-contre) de Mobeco.

Mettez-vous à la place de M. Cazenave et examinez ces deux documents. Il y a une erreur de chiffre. Trouvez cette erreur et écrivez un e-mail de réclamation à Mobeco.

MOBECO

LISTE DE PRIX

RÉF.	DÉSIGNATION	PRIX TTC
TR	Table rouge	220 euros
TV	Table verte	245 euros
TJ	Table jaune	190 euros
CR	Chaise rouge	98 euros
CB	Chaise bleue	72 euros
CV	Chaise verte	54 euros

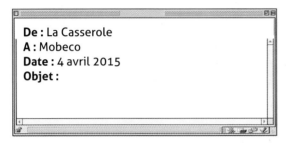

De : La Casserole
A : Mobeco
Date : 4 avril 2015
Objet :

Facture n° 576   **03/04/2015**

De : Mobeco   **À :** La Casserole

Commande		Livraison	Paiement
20 mars 2015		franco	au comptant

Réf.	Désignation	Prix unitaire	Quantité	Montant
CV	chaise verte	54	5	270
CR	chaise rouge	98	3	294
TJ	table jaune	220	2	440
		TOTAL		1004
		Dont TVA (10 %)		91,27

D. Parler

JOUEZ À DEUX ● ● ● ● ●

A et B parlent d'un problème de facture.
Personne A : Consultez le dossier 16, page 93.
Personne B : Consultez le dossier 14, page 97.

Résultats et tendances

1 Secteur d'activité

1 **Le mot « secteur » est employé dans deux sens différents.**

a. Lisez la leçon du jour ci-contre.

b. Complétez les explications suivantes d'Inès Buisson, professeur d'économie à la Sorbonne.

Inès Buisson : « Dans les pays riches, la part du secteur primaire a chuté dans les soixante dernières années. Avec l'explosion des services, le secteur tertiaire s'est développé de manière considérable.

Dans les pays pauvres, l'agriculture constitue encore le principal moyen de subsistance. Le secteur _____ est donc resté prépondérant. Dans ces pays, la part du secteur _____ se maintient à un niveau élevé en raison de l'importance de l'administration. Quant au secteur _____, il occupe peu de travailleurs. »

Leçon du jour

LES SECTEURS

• Dans un premier sens, on répartit la population active dans les trois secteurs suivants :
– le secteur primaire : agriculture, pêche ;
– le secteur secondaire : industrie, énergie, travaux publics, artisanat, etc.
– le secteur tertiaire comprend les activités de services : transport, commerce, banque, conseil, administration publique, etc.
• Dans un second sens, le secteur regroupe des entreprises ayant une même activité principale. Ex. : le secteur de l'automobile.

La concordance des temps

Complétez avec le verbe qui convient. Trouvez ces verbes ci-dessus dans les explications d'Inès Buisson. Mettez-les à l'imparfait ou au plus-que-parfait.

Inès Buisson a expliqué que dans les pays riches, la part du secteur primaire _____ et que le secteur tertiaire _____ de manière considérable. Elle a précisé que, dans les pays pauvres, l'agriculture _____ encore le principal moyen de subsistance et que le secteur primaire _____ prépondérant. Elle a ajouté que la part du secteur tertiaire _____ à un niveau élevé et que le secteur secondaire _____ peu de travailleurs.

→ **Voir page 105.**

2 **Caroline Tournier est la directrice commerciale de Sicard, une entreprise qui fabrique du matériel de bricolage.** Elle a une discussion avec Jean-Paul, le responsable des ventes.

a. Écoutez et/ou lisez le dialogue.

b. Dites si les affirmations suivantes sont vraies ou fausses.

1. Cette année, le bénéfice de Sicard a augmenté de 10 %.
2. Caroline dit que les ventes de Binette sont six fois plus élevées que celles de Sicard.
3. Jean-Paul devra réorganiser le service des ventes.

Caroline : Que pensez-vous des résultats, Jean-Paul, très franchement ?

Jean-Paul : Ils sont très bons, le chiffre d'affaires a augmenté de 10 %.

Caroline : C'est vrai. Mais avez-vous vu les chiffres de la concurrence ?

Jean-Paul : Oui, bien sûr.

Caroline : Vous avez peut-être remarqué que les ventes de Binette ont augmenté de 60 %.

Jean-Paul : À mon avis, c'est la chance.

Caroline : Non, Jean-Paul, ce n'est pas une question de chance, c'est une question d'organisation. Nos résultats sont pitoyables et nous devons faire quelque chose.

Jean-Paul : Il faudrait peut-être réorganiser le service.

Caroline : Absolument, Jean-Paul, nous devons faire quelques changements. Nous devons supprimer quelques emplois, j'en ai peur.

Jean-Paul : Mais pourquoi me dites-vous ça, à moi ?

Caroline : Parce que, parmi les emplois que nous allons supprimer, Jean-Paul, il y a le vôtre.

Jean-Paul : Le mien ? Vous voulez dire que je suis viré ?

3 **L'article ci-dessous a été publié dans un journal économique.**
Lisez-le et dites quelle part du marché du bricolage représentent :
– les petits commerçants : … %
– les grandes surfaces spécialisées : … %
– les supermarchés et hypermarchés : … %

Secteur du bricolage : bouleversements dans la distribution

Cette année, le marché du bricolage a progressé de près de 8 %. Mais sur un marché en pleine croissance, on trouve des perdants et des gagnants. Les premiers perdants sont les petits commerçants : quincailleries, drogueries, etc. Ils ne représentent plus aujourd'hui qu'un maigre 4,8 % du marché. Les rayons bricolage des supermarchés et hypermarchés ne profitent pas davantage de la bonne santé du secteur : leur poids s'est réduit de 20 % depuis cinq ans. En fait, les grands gagnants sont les grandes surfaces spécialisées dans le bricolage, qui occupent aujourd'hui 70,2 % du marché. En matière de bricolage, le consommateur préfère se fier aux grands spécialistes.

4 **Consultez le tableau suivant.**
À votre avis, que devrait faire Sicard pour augmenter ses ventes ? Pourquoi ?

SICARD Répartition du chiffre d'affaires	
Petits commerces	58 %
Grandes surfaces spécialisées	6 %
Grandes surfaces généralistes	36 %

5 **Vous travaillez pour Sicard.**
Écrivez un rapport à Caroline Tournier, la directrice commerciale.

1. Communiquez les résultats de l'entreprise (évolution du chiffre d'affaires, comparaison avec la concurrence).
2. Expliquez le problème (répartition des ventes de Sicard, part de marché des différents types de distributeurs).
3. Faites des propositions.

> **Rapport sur l'évolution des ventes**
> Madame la directrice,
> À la suite de votre demande du …, je vous présente mes observations sur…

2 Entreprise en chiffres

1 Grâce au travail et au capital technique, l'entreprise peut produire des biens et/ou des services.

a. Lisez la leçon du jour ci-contre.

b. Dites si les affirmations suivantes sont vraies ou fausses.

1. Il y a deux sortes de biens de production : le travail et le capital.

2. Un produit alimentaire peut être un bien de production.

3. On dit qu'une entreprise investit quand elle achète un bien d'équipement.

4. Une entreprise textile qui achète du coton réalise un investissement. *Bien d'@ production*

5. Dans certains cas, le montant de la rémunération d'un salarié dépend des bénéfices de l'entreprise.

2 Jessica Pruneau est à la tête de *Délices du Roi*, une entreprise spécialisée dans la fabrication de viennoiseries industrielles (croissants, brioches, etc.) : *Vienne*

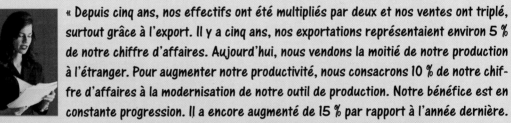

« Depuis cinq ans, nos effectifs ont été multipliés par deux et nos ventes ont triplé, surtout grâce à l'export. Il y a cinq ans, nos exportations représentaient environ 5 % de notre chiffre d'affaires. Aujourd'hui, nous vendons la moitié de notre production à l'étranger. Pour augmenter notre productivité, nous consacrons 10 % de notre chiffre d'affaires à la modernisation de notre outil de production. Notre bénéfice est en constante progression. Il a encore augmenté de 15 % par rapport à l'année dernière. Et nous n'oublions pas les salariés : depuis cette année, tous, sans exception, reçoivent un intéressement. »

D'après cette déclaration de Jessica Pruneau, dites ce que vous apprenez sur *Délices du Roi* concernant :

Ex. : le chiffre d'affaires : les ventes ont triplé.

1. la part à l'exportation : ___50%___
2. les investissements : _____
3. le nombre de salariés : _____
4. leur rémunération : _Reçoivent un intéressement_
5. le bénéfice : _____

Leçon du jour

LES FACTEURS DE PRODUCTION : LE TRAVAIL ET LE CAPITAL

• Les effectifs de l'entreprise (le personnel) rassemblent l'ensemble des salariés. En contrepartie de leur travail, les salariés perçoivent un salaire et parfois un intéressement, c'est-à-dire une partie des bénéfices.

• Le capital technique (= les biens de production) sert à produire quelque chose, un bien ou un service. On distingue :
– les consommations intermédiaires, constituées des biens consommés rapidement par l'entreprise, comme les matières premières (café, coton, minerais, ressources énergétiques, etc.), les fournitures de bureau (papier, crayons, etc.) ;
– les biens d'équipement (bâtiments, machines, etc.), qui sont des biens durables. Une entreprise réalise un investissement (= investit) quand elle acquiert un bien d'équipement.

Les adverbes de quantité

Classez les phrases dans un ordre logique.

1 a. Le bénéfice n'a pas augmenté.
☐ b. Il a légèrement augmenté.
☐ c. Il a énormément augmenté.
☐ d. Il n'a quasiment pas augmenté.
☐ e. Il a beaucoup augmenté.

3 ***Délices du Roi*** **fabrique quatre types de produits.**

Brioches · Croissants · Pains au chocolat · Chaussons aux pommes

« *Cette année, nous avons réalisé un chiffre d'affaires de 2 200 000 euros* », déclare Jessica Pruneau.

Consultez le graphique, puis complétez les phrases avec les chiffres suivants :
88 950, 361 050, 552 000, 1 198 000.

1. Avec les seules brioches, nous réalisons 1 198 000 euros de chiffre d'affaires.

2. Les chaussons aux pommes représentent la plus petite partie du chiffre d'affaires, soit 88 950 euros.

3. Les ventes de croissants s'élèvent à 552 000 euros.

4. Les pains au chocolat rapportent 361 050 euros de chiffre d'affaires.

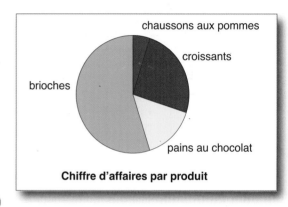

Chiffre d'affaires par produit

4 **La société *Délices du Roi* est cotée en Bourse.**
Complétez le texte à l'aide du graphique ci-contre et des verbes ou expressions verbales suivants :
augmenter, baisser, chuter, rester stable.
Mettez ces verbes au passé composé.

Au début de l'année, l'action s'échangeait au cours (prix) de 10 euros. Brusquement le cours a chuté de 30 %, mais il a augmenté rapidement pour revenir à 10 euros. Il est resté pendant trois mois, puis il a baissé légèrement. Aujourd'hui, l'action vaut 9,70 euros.

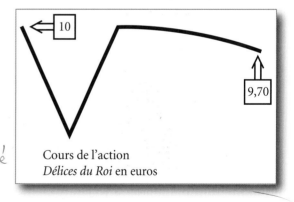

Cours de l'action
Délices du Roi en euros

5 **Vous envisagez d'investir en Bourse. Un ami vous donne des conseils.**
Êtes-vous d'accord avec lui ? Pourquoi ?

1. Avant d'acheter des actions, tu ferais mieux d'acheter une maison.

2. Quand les cadres achètent les actions de leur propre société, c'est bon signe, achètes-en aussi.

3. Mieux vaut investir dans des sociétés simples, ennuyeuses, démodées, qui n'intéressent pas les investisseurs.

4. Tu peux faire confiance aux professionnels de la bourse.

JOUEZ À DEUX ● ● ● ● ●

Personne A : Consultez le dossier 13, page 93.
Personne B : Consultez le dossier 13, page 97.

3 Comptes de l'exercice

① Pierre Dupont fait l'inventaire de ce qu'il possède.

À l'aide des informations suivantes, complétez le bilan ci-contre.

> **PIERRE DUPONT :** « Je suis propriétaire d'une maison estimée à 130 000 euros, d'une voiture valant 10 000 euros, de meubles d'une valeur de 25 000 euros. Je dispose de 50 000 euros sur un compte à la banque. J'ai prêté 15 000 euros à mon frère, qui doit me rembourser dans six mois.
>
> Il y a cinq ans, j'ai hérité de 100 000 euros de mes parents. J'ai fait attention de ne pas gaspiller cet héritage. Par nature, je suis économe. Depuis que je travaille, j'ai réussi à épargner 70 000 euros. Malheureusement, cet argent ne m'a pas suffi pour construire ma maison. J'ai dû emprunter à la banque, à laquelle je dois encore 60 000 euros. »

Bilan : 230 000

Actif Je possède…	Passif grâce à. *mes parents*
Actif immobilisé – Maison : 130 000 – _____ : _____ – _____ : _____	**Capitaux propres** – Héritage : *100 000* – Épargne : *70 000*
Actif circulant – *50* : *00* – Créances : *15 000*	**Dettes** – Dettes : *60 000*

---

② Une fois par an, l'entreprise doit établir le compte de résultat et le bilan.

a. Lisez la leçon du jour.

b. Dites si on trouve les informations suivantes dans le compte de résultat ou dans le bilan.
Ex. : Capital social → Bilan.

1. Salaires versés.
2. Stocks de produits finis.
3. Compte en banque.
4. Valeur des machines de l'atelier.
5. Dettes de l'entreprise.
6. Ventes de l'année.

③ Les affirmations suivantes concernent le bilan. Sont-elles vraies ou fausses ?

1. Le bilan permet de calculer le bénéfice.
2. Les biens qui sont utilisés pour une longue période font partie de l'actif circulant.
3. Les matières premières (ex. : le cacao) apparaissent au passif.
4. L'argent déposé sur un compte bancaire augmente l'actif.
5. L'achat à crédit d'une machine augmente l'actif et les dettes de l'entreprise.
6. Le passif indique d'où viennent les capitaux de l'entreprise.
7. L'actif indique comment l'entreprise a utilisé ces capitaux.

4 À l'aide des informations ci-dessous, complétez le compte de résultat ci-contre. Calculez le résultat.

Cette année, la société Duk a :
– acheté des fournitures de bureau : 33
– réalisé un chiffre d'affaires de : 220
– perçu une indemnité à la suite d'un procès qu'elle a gagné : 14
– réalisé une plus-value (gagné de l'argent) à la suite de la vente d'un magasin : 66
– payé des impôts : 17
un loyer : 11
des intérêts bancaires : 20
des salaires : 119.

5 À l'aide des informations ci-dessous, établissez le bilan ci-contre de Duk.
– Terrain : 118
– Capital social : 300
– Réserves : 280
– Bâtiment : 382
– Matériel : 287
– Dettes bancaires : 275
– Dettes fiscales : 42
– Crédit fournisseurs : 103
– Stocks de marchandises : 95
– Créances sur clients : 36
– Liquidités : 82

6 *Études littéraires* est un magazine littéraire mensuel.
Bien que ce magazine soit consacré à un sujet aussi peu commercial que la littérature et bien qu'il contienne peu de publicité, il continue à vivre. Comment expliquez-vous cette contradiction ? Faites des hypothèses.

7 Un jour, le directeur du magazine *Études littéraires* a fait la déclaration suivante :
« *Comme nous sommes très pauvres, nous n'avons pas les moyens de nous payer un comptable. Sans doute sommes-nous morts depuis longtemps, mais nous ne le savons pas.* »
À votre avis, une entreprise peut-elle se passer de comptable ? Pourquoi ? À quoi et à qui sert la comptabilité ?

Compte de résultat

Charges	Produits
– Fournitures : 33	– _____
– _____	
– _____	– _____
– _____	
– _____	
Total : 200	Total :
Résultat : _____	

Bilan

Actif	Passif
Actif immobilisé	**Capitaux propres**
– Terrain : 118	
– _____	– _____
– _____	– _____
Actif circulant	**Dettes**
– _____	– _____
– _____	– _____
– _____	– _____
Total : 1 000	Total : 1 000

La concession

Complétez les phrases suivantes avec *à moins qu(e), bien qu(e), malgré, même si, quand même, a beau, il n'empêche qu(e)*.

1. _____ la crise, il continue à gagner de l'argent.

2. Elle réussira, _____ c'est difficile.

3. Il travaille comme comptable, _____ il ne sache pas compter.

4. Il ne comprendra pas, _____ vous ne lui expliquiez.

5. Cette entreprise _____ être leader dans son secteur, elle perd de l'argent _____.

6. J'ai beau vérifier les comptes, _____ il reste toujours des erreurs.

→ **Voir page 110.**

Comptes de la nation

1 On apprécie la situation économique d'un pays à l'aide d'agrégats (ensemble de statistiques).

Lisez la leçon du jour ci-contre, puis dites si les affirmations suivantes sont vraies ou fausses.

1. Le PIB d'un pays est égal à la valeur des entreprises situées dans ce pays.

2. La croissance économique correspond à une augmentation de la population.

3. Si les revenus augmentent plus vite que les prix, le pouvoir d'achat augmente.

2 Complétez les phrases suivantes avec *plus* ou *moins*. Justifiez votre choix.

1. Le PIB de la Suisse est _____ important que le PIB de la Chine.

2. Le PIB par habitant de la Suisse est _____ important que celui de la Chine.

3 L'article ci-dessous présente un village en quelques chiffres. Il manque certaines informations.

a. Complétez-le à l'aide des chiffres suivants :
1 - 1,55 - 1,65 – 14 - 210 – 534 - 3/4.

b. Remplissez la fiche d'identité ci-contre.

UN VILLAGE FRANÇAIS TYPIQUE

Le village de Douelle compte _____ habitants. La population est jeune : 40 ont plus de 70 ans, et _____ moins de 20 ans. La taille moyenne des jeunes de 20 ans est de _____ mètre pour les garçons et de _____ mètre pour les filles. Très peu d'enfants dépassent le niveau de l'école primaire.

À Douelle, 279 habitants sont recensés dans la population active, les autres sont des jeunes de moins de _____ ans, des femmes au foyer, et des personnes âgées. Sur ces 279 actifs, 208 sont agriculteurs. Ils travaillent avec des bœufs. Les deux seuls tracteurs du village sont souvent en panne.

Les _____ du budget familial passe dans l'alimentation. La base de l'alimentation est la soupe de pain et de légumes, à la graisse de porc. Pour acheter un poulet de _____ kg, le travailleur moyen de Douelle doit travailler 8 heures.

Source : J. FOURASTIÉ, *Les Trente Glorieuses*, Fayard.

Leçon du jour

LES PRINCIPAUX AGRÉGATS

• Le produit intérieur brut (PIB) d'un pays est la valeur de tous les biens et services produits et vendus en une année à l'intérieur de ce pays.

• Le PIB par habitant est égal au PIB divisé par le nombre d'habitants du pays.

• La croissance économique signifie que le PIB augmente.

• Le pouvoir d'achat d'un revenu est la quantité de biens ou de services qu'on peut acheter avec ce revenu à un moment donné.

FICHE D'IDENTITÉ

Nom de la commune : *Douelle*

Nombre d'habitants : _____

– de moins de 20 ans : _____

– de plus de 70 ans : _____

Taille des habitants :

– hommes : _____

– femmes : _____

Niveau d'éducation : _____

Population active : _____

Principal secteur d'activité : _____

Pouvoir d'achat : _____

4 Ce village est-il riche ou pauvre ? Pourquoi ?

5 Douelle est situé dans le sud de la France. L'article décrit la situation du village en 1946.
À votre avis, qu'est-ce qui a changé à Douelle depuis cette époque ?

6 **L'article ci-dessous présente le Sénégal en quelques chiffres.**
Il manque certaines informations. Complétez-le à l'aide des données suivantes : *la moitié - 5 % - 1 500 - 2 millions - 10 millions – 15 milliards - 12 ans - 25 ans - 49 ans*

*L*a population du Sénégal est estimée à _10 m_ d'habitants. Elle croît chaque année de 3 %. L'espérance de vie s'élève à _49 ans_ pour les hommes et à 53 ans pour les femmes ; 60 % des habitants ont moins de _____. Avec _____ d'habitants, l'agglomération de Dakar, la capitale, regroupe 20 % de la population. Plus de _____ des Sénégalais vivent à la campagne.

Environ 40 % des adultes sont alphabétisés. L'école est obligatoire pour tous les enfants âgés de 6 à _____. En réalité, seuls 60 % des enfants sont scolarisés à l'école primaire, et 15 % dans l'enseignement secondaire.

Le produit intérieur brut (PIB) s'élève à _15 m_ d'euros, soit _1 500_ euros par habitant. Ces dernières années, la croissance a été de l'ordre de _____ par an. L'économie est très dépendante de la production d'arachide. Le taux d'inflation ne dépasse pas les 3 %. Le chômage atteint 30 % de la population active.

7 **Complétez la fiche d'identité suivante.**

FICHE D'IDENTITÉ

Nom du pays : *Sénégal*
Capitale : _Dakar_
Population : _10 m_
Espérance de vie : _____
Taux d'alphabétisation : _____
PIB : _____
PIB/habitant : _____
Croissance : _5 %_
Inflation : _____
Chômage : _30 %_

8 **Faites des recherches, puis présentez les principaux indicateurs socio-économiques**
– de votre ville natale,
– de votre pays.
Présentez aussi quelques caractéristiques originales du lieu et de ses habitants.

L'opposition

Associez les deux moitiés de phrase.
*Ex. : La croissance au Sénégal est de 5 %… → **d.***
1. Contrairement au Sénégal, où plus de 50 % des habitants vivent à la campagne, …
2. La population mondiale augmente…
3. Au lieu de construire des autoroutes, …
4. Certains vivent dans le luxe…
5. Le gouvernement fait beaucoup en faveur des jeunes…

a. le gouvernement ferait mieux de créer des écoles.
b. les Européens sont en majorité des citadins.
c. en revanche, il ne s'occupe pas des personnes âgées.
d. alors qu'elle n'atteint pas 1 % dans mon pays.
e. quand d'autres ont à peine de quoi manger.
f. tandis qu'elle baisse dans de nombreux pays européens.

→ **Voir page 110.**

Commerce extérieur

1 Les balances sont des documents comptables dans lesquels sont comptabilisées les opérations commerciales et financières d'un pays avec le reste du monde.

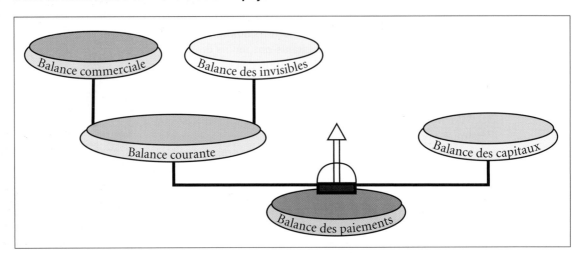

a. Lisez la leçon du jour ci-contre.

b. Complétez les phrases suivantes.

1. Quand un touriste étranger visite ton pays, ce qu'il dépense est comptabilisé dans la balance _____.

2. Si tu achètes une entreprise à l'étranger, tu réalises un _____ direct.

3. La balance _____ exprime les performances de l'industrie d'un pays à l'autre.

4. Tu peux rassembler la balance commerciale et la balance des invisibles dans la balance _____.

5. La balance _____ est composée de la balance des opérations courantes et de la balance des capitaux.

6. La balance commerciale est _____ si les exportations sont supérieures aux_____.

2 **Imaginez que cette année votre pays ait :**
– importé du pétrole : 60
– exporté des produits alimentaires : 80
– vendu des services informatiques : 50
– acquis des brevets d'invention : 40
– emprunté à des organismes internationaux : 30
– investi à l'étranger : 60

a. Établissez les différentes balances en complétant le tableau ci-contre.

b. Quelle balance est déficitaire ?

Leçon du jour

LES BALANCES DU COMMERCE EXTÉRIEUR

• La balance des opérations courantes (ou balance courante) se compose de deux balances :
– la balance commerciale recense les importations et exportations de marchandises (= les biens) ;
– la balance des invisibles comptabilise les services : ingénierie, transports, assurances, tourisme, brevets, droits d'auteurs, etc.

• La balance des capitaux enregistre les prêts et emprunts ainsi que les investissements directs (ex. : un Japonais achète une entreprise européenne).

• La balance des paiements regroupe tous les mouvements.

• Le solde est la différence entre les entrées et les sorties d'argent. Une balance est excédentaire si les entrées d'argent sont supérieures aux sorties. Dans le cas contraire, elle est déficitaire.

Balance	Entrées d'argent	Sorties d'argent
commerciale	–	– Pétrole : 60
des invisibles	–	– ....
courante	–	– ....
des capitaux	–	– ....
des paiements	–	– ....

3 **Certains sont favorables au libre-échange, d'autres au protectionnisme.**
Voici la définition du libre-échange :

> **Libre-échange.** (D'après angl. *Free trade*.) Système dans lequel les échanges commerciaux entre les États sont libres. Ant : **Protectionnisme.**

Êtes-vous en faveur du libre-échange ou du protectionnisme ? Pourquoi ?

4 **Un pays peut limiter ses importations en établissant des droits de douane, des quotas, des règles d'hygiène et de sécurité, etc.**
Voici quelques définitions :

> **Droit de douane** : Impôt (= taxe) sur une marchandise importée.

> **Quota.** Limitation des quantités de marchandises importées. Synonyme : **Contingentement.**

Les mesures suivantes sont-elles favorables ou défavorables au libre-échange ?
Ex. : Suppression des quotas. → ***favorable***.
1. Diminution des droits de douane.
2. Contingentement des importations.
3. Simplification des formalités douanières.
4. Établissement de règlements d'hygiène et de sécurité.

5 **Complétez les phrases suivantes, en vous justifiant, avec les mots « *protectionnisme* » ou « *libre-échange* ».**

1. Le _____ stimule la compétitivité et la productivité des entreprises.
2. Le _____ protège les entreprises nationales.
3. Le _____ entraîne une diminution de la consommation de produits étrangers.
4. Le _____ élargit le marché des entreprises.
5. Le _____ amène les pays à se spécialiser dans certains types de production.
6. Le _____ rend les nations dépendantes les unes des autres.
7. Le _____ est un facteur de paix dans le monde.

L'indicatif et le subjonctif dans les propositions complétives

Mettez le verbe entre parenthèses au présent de l'indicatif ou du subjonctif.

1. Je suis persuadé que le libre-échange (élargir) _____ le marché des entreprises.
2. Je suis étonné qu'il (falloir) _____ accomplir autant de formalités.
3. Je doute que le libre-échange (rendre) _____ les nations solidaires.
4. Dans certains cas, je pense qu'il (falloir) _____ prendre des mesures protectionnistes.
5. « Il est temps que nous (protéger) _____ nos entreprises », a déclaré le ministre.
6. Je crains que ces mesures ne (être) _____ désastreuses pour notre économie.
7. Nos partenaires demandent que nous (diminuer) _____ nos droits de douane.

→ **Voir page 107.**

6 **Vous lisez le message suivant sur un forum Internet.**

> # FORUM
> ## MONDIALISATION
>
> Comment faire face à la concurrence des produits étrangers
>
> Message de : Pierre
>
> Pour favoriser les exportations de la France, l'État devrait :
> 1. verser des subventions aux entreprises exportatrices ;
> 2. dévaluer la monnaie ;
> 3. accueillir plus d'étudiants étrangers.

a. Que pensez-vous de ces propositions ? Vous paraissent-elles réalistes ?

b. Rédigez votre propre message. Donnez votre avis sur chacune des propositions de Pierre. Puis parlez de votre pays. Expliquez ce qu'il faudrait y faire pour affronter la concurrence des produits étrangers.

Bilan de compétences

A. Lire

1 **Les six graphiques suivants indiquent l'évolution, pendant les six premiers mois de l'année (du 1er janvier au 30 juin), du cours (prix) de l'action de six entreprises cotées en Bourse.**

Parmi les phrases **a** à **i** proposées, retrouvez le commentaire qui correspond à chacun de ces graphiques. *Attention : il y a un seul commentaire par graphique.*

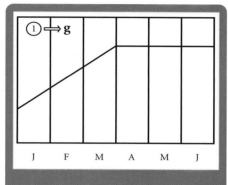

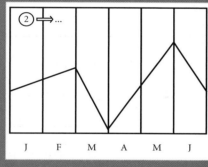

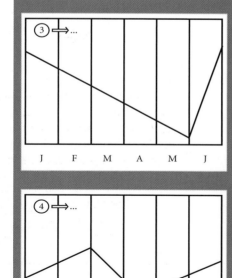

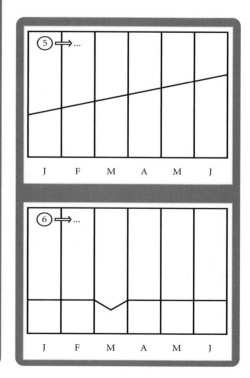

a. L'action n'a cessé de progresser depuis le début de l'année.

b. Le cours a atteint ses plus hauts fin février et ses plus bas à la mi-avril.

c. Il est difficile d'expliquer de telles fluctuations : progression en janvier et février, chute en mars, remontée en avril et mai, puis nouvelle chute en juin.

d. La baisse a commencé dès le début de l'année et s'est accélérée à partir du mois de mars.

e. À l'exception d'une légère baisse en mars, le cours est resté parfaitement stable depuis le début de l'année.

f. La hausse est constante : le cours est monté pendant les trois premiers mois et il s'est envolé pendant les deux derniers.

g. Le cours a régulièrement augmenté pendant les trois premiers mois de l'année et s'est stabilisé par la suite.

h. L'action a constamment baissé pendant les cinq premiers mois. Elle s'est envolée en juin pour terminer à son plus haut niveau du semestre.

i. À la suite d'un recul sensible des résultats de la société, l'action a perdu 30 % de sa valeur à la fin du mois de février.

2 **Les résultats du groupe Pirex ont été publiés dans un journal économique.**

a. Prenez-en connaissance ci-dessous et indiquez l'évolution :

	En hausse	En baisse
1. des ventes de Pirex	☐	☐
2. des stocks	☐	☐
3. de l'endettement	☐	☐
4. du bénéfice d'exploitation	☐	☐
5. des charges d'exploitation	☐	☐

b. Dites si les affirmations suivantes sont vraies ou fausses. Si le document ne donne pas suffisamment d'informations pour répondre « Vrai » ou « Faux », choisissez « Non précisé ».

	Vrai	Faux	Non précisé
1. En 2015, Pirex a réalisé pour plus de 10 millions d'euros d'investissements.	☐	☐	☐
2. Pirex vend principalement ses produits en Europe.	☐	☐	☐
3. Tous les produits de Pirex sont fabriqués en Europe.	☐	☐	☐
4. Le désendettement de Pirex se poursuivra en 2016.	☐	☐	☐

**PIREX SA
EXERCICE 2015**

Malgré un environnement économique défavorable…
Le ralentissement de la consommation qui s'est manifesté tant en Europe qu'aux États-Unis au cours de l'année 2015 a eu pour conséquence une diminution du volume d'activité par rapport à l'exercice 2014.

… PIREX a poursuivi ses actions stratégiques :
– Améliorer la compétitivité du groupe par une concentration des efforts sur les produits-clés avec d'importants investissements industriels (18 M€ en 2015).
– Accroître la présence du groupe sur les marchés étrangers où la société a réalisé 36,5 % de son chiffre d'affaires, contre 35,6 % en 2014.

Et dispose de nouveaux atouts pour 2016 :
– un outil industriel rénové ;
– des positions commerciales renforcées à l'étranger et une implantation industrielle au Mexique ;
– des gammes de produits nouveaux lancés dans le domaine santé-beauté ;
– un volume de stocks en diminution ;
– une structure financière saine : un endettement réduit de 35 % en euros constants au cours des trois dernières années.

**Chiffre d'affaires : 327 M€
contre 309 M€ en 2014**

*France
208 M€
soit + 4,2 %*

*Étranger
119 M€
soit + 9,3 %*

Résultats 2015
– L'accroissement de la charge publicitaire notamment à l'étranger (+ 6 M€), des amortissements (+ 1 M€) et des taux d'intérêts, a ramené le bénéfice d'exploitation de 17,8 M€ en 2014 à 17,5 en 2015.
– Le bénéfice net consolidé ressort à 7 M€.
– Le dividende net maintenu à 0,4 € par action est mis au paiement à compter du 20 juillet.

PIREX SA
Route des Landes
72220 Ecommoy

B. 🎧 Écouter

Les fiches suivantes portent sur deux pays de l'Union européenne : le Portugal et les Pays-Bas. Elles sont incomplètes.

a. Consultez ces fiches.

b. Écoutez une journaliste radiophonique présenter ces deux pays.

c. Complétez les fiches.

Portugal

Population : _____

Superficie : 92 000 km²

Langue officielle : portugais

Capitale : Lisbonne

Monnaie : euro

PIB par habitant : _____

Date d'entrée dans l'Union européenne : _____

Autres caractéristiques : _____

Pays-Bas

Population : _____

Superficie : 41 526 km²

Langue officielle : _____

Capitale : _____

Monnaie : _____

PIB par habitant : 28 000 euros

Date d'entrée dans l'Union européenne : _____

Autres caractéristiques : _____

C. ✎ Écrire

Voici des extraits de journaux économiques. Seuls deux titres ont été développés.
Imaginez et écrivez un article sous chacun des autres titres.

SOCIAL

Bordeaux : fin de la grève de La poste

Après seize jours de grève, les facteurs de La poste de Bordeaux ont repris le travail hier matin. Selon le syndicat CGT, le climat reste toutefois « *extrêmement tendu* ». Dans un premier temps, trois postiers sur une soixantaine en grève ont refusé de reprendre le travail et se sont retirés dans un local syndical, en déclarant vouloir entamer une grève de la faim. « *Deux heures plus tard, tout le monde avait repris le travail* » annonce la directrice de La Poste de Bordeaux.

EUROPE

Marché du travail : vers une Europe sans frontières

Le marché européen de l'emploi reste une fiction. Alors qu'aux États-Unis 2,5 % de la population change d'État chaque année, dans l'Union européenne, le taux de migration interne ne dépasse pas 0,1 %. Et seulement 250 000 salariés par an trouvent un emploi dans un autre pays de l'Union. La Commission européenne vient de présenter un plan d'action pour en finir avec les obstacles à la libre circulation des salariés.

CONSOMMATION

La hausse des prix atteint des records

EMPLOI

19 200 chômeurs de plus au mois de février

FINANCES

REPRISE TIMIDE DES PLACES BOURSIÈRES

TRANSPORTS

LE TRAIN CASSE LES PRIX DE LA CONCURRENCE

D. Parler

JOUEZ À DEUX ● ● ● ● ●

A et B parlent des résultats de la société Amende, un fabricant de matériel médical.
Personne A : Consultez le dossier 14, page 93.
Personne B : Consultez le dossier 15, page 97.

Dossier 1 • (Page 9)

Le texte suivant présente le groupe Carrefour. Il manque des mots. Complétez-le en posant des questions à la personne B, à l'aide de la boîte à outils ci-dessous.

Carrefour

Carrefour est un groupe français, numéro 2 mondial de la grande distribution, derrière l'américain Wal-Mart et devant le groupe _____. Le premier magasin Carrefour ouvre en _____. Aujourd'hui, il existe à peu près _____ magasins Carrefour répartis dans _____ pays en Europe, en Asie et en Amérique. Le groupe Carrefour emploie près de _____ personnes dans le monde, dont _____ en France. Il réalise un chiffre d'affaires annuel de _____.

> **Boîte à outils**
>
> Quel est le premier… ? En quelle année… ? Combien de magasins… ? Dans combien de pays… ? Combien de personnes… ? À combien s'élève… ? Que représente… ?

Dossier 2 • (Page 19)

Le tableau suivant indique la part des dépenses de consommation dans le budget d'un ménage français.
a. La personne B va vous poser des questions. Répondez-lui à l'aide de ce tableau.

Coefficients budgétaires (en %)

	1950	1970	Aujourd'hui
Habillement	16	9,6	5,2
Alimentation	46	26	17,6
Logement	11,4	15,3	22,8
Santé	5,2	7,1	10,4
Transport	5,6	13,4	16,6

b. La personne B va vous expliquer pourquoi les dépenses de santé ont augmenté. Notez trois raisons.

Dossier 3 • (Page 25)

Vous êtes Charlotte.
Vous avez des informations sur les locaux 1 et 2 suivants.
a. Communiquez ces informations à la personne B (Émilie).
b. Mettez-vous d'accord avec elle sur le meilleur local.

Local 1

Situé à 200 mètres de la cathédrale Notre-Dame, nombreux restaurants dans le quartier, un restaurant McDonald à 50 mètres, un salon de thé à 30 mètres, une pâtisserie à 10 mètres. Rue bruyante. Superficie : 48 m² (dont cuisine : 11 m²). Travaux à prévoir. Loyer mensuel : 3 100 euros.

Local 2

Superficie : 72 m² (dont cuisine, bien équipée, de 20 m²). Loyer : 1 750 euros par mois.

Situé dans un quartier résidentiel du IVe arrondissement. Petite rue calme au bord de la Seine, où se trouvent un restaurant gastronomique, un théâtre et un petit musée. Excellent état.

Dossier 4 • (Page 27)

Vous souhaitez créer une entreprise avec six anciens camarades d'école. Vos moyens financiers sont limités. Quel type de société convient le mieux ? Vous hésitez entre la SARL et la SA. La personne B est spécialiste du droit des sociétés. Expliquez-lui votre problème et demandez-lui conseil.
• Que choisissez-vous ? _____
• Pour quelles raisons ? Trouvez-en deux.

Dossier 5 • (Page 33)

Lisez l'article suivant sur les deux fondateurs du Club Méditerranée. Il manque des informations. Complétez le texte en posant des questions à la personne B.
Ex. : Combien de villages de vacances le Club Méditerranée possède-t-il aujourd'hui ?
C'est vous qui commencez la conversation. Posez une première question.

GILBERT TRIGANO ET GÉRARD BLITZ
La rencontre
de deux créateurs d'entreprise

Le Club Méditerranée possède aujourd'hui (1) _____ villages de vacances répartis dans le monde. L'entreprise est née il y a plus de cinquante ans. Ses deux fondateurs s'appellent Gilbert Trigano et Gérard Blitz.

Gilbert Trigano est né en France en 1920, dans une famille de commerçants juifs. Par manque d'argent, il est obligé d'arrêter ses études à (2) _____ ans. Il a une passion : le théâtre, et il veut faire une carrière artistique. Mais la guerre met fin à ses projets artistiques. En 1940, il entre dans une organisation (3) _____. Après la guerre, il devient journaliste pendant quelque temps.

À 25 ans, il rejoint la petite entreprise de ses parents. Il vend du matériel de camping. « *En 1949,* raconte-t-il, *je reçois un coup de téléphone d'un homme qui me dit : "Je vais créer un (4) _____. J'ai besoin de matériel de camping."* ».

Cet homme s'appelle Gérard Blitz. Il a 38 ans. Il est belge, champion olympique de water-polo et champion du monde de 400 mètres de natation (dos).

Gérard Blitz crée le Club Méditerranée sur un concept tout à fait révolutionnaire : les membres du club sont invités à vivre en communauté sur une île, le temps des vacances, et à pratiquer des (5) _____.

Pendant cinq ans, Gérard Trigano fournit du matériel de camping au Club Méditerranée, qui n'est d'abord qu'une simple association. Puis en 1953, Trigano et Blitz (6) _____. En vingt ans, ils vont transformer le petit club en un empire touristique mondial. Ils ont tout simplement inventé le tourisme de masse.

Dossier 6 • (Page 35)

Le texte suivant est incomplet. Complétez les mentions manquantes en posant des questions à la personne B.

Depuis le _____, Jacques Tati travaille à _____. Il a été engagé comme _____ par le magasin Fayette pour une durée de _____ mois. Il reçoit un salaire mensuel de _____ ainsi qu'une commission de _____ sur le montant des ventes réalisées.

Dossier 7 • (Page 41)

Vous êtes le(la) président(e) de la réunion. Choisissez le lieu de destination que vous préférez pour le voyage de cette année. Préparez vos arguments pour défendre votre point de vue.

1. Au début de la réunion :
– écrivez le nom des participants au tableau ;
– annoncez l'objet de la réunion. Dites ceci :
« *Comme vous le savez, nous devons choisir un lieu de destination pour le prochain voyage du comité* » ;
– rappelez aux étudiants qui ne participent pas à la réunion – les observateurs – de prendre des notes. Dites ceci au reste de la classe : « *Mesdames, Messieurs, n'oubliez pas de prendre des notes pendant la réunion. Vous devrez remettre un compte rendu écrit pour le prochain cours.* »
2. Demandez à chacun des participants à la réunion de donner son point de vue à tour de rôle. Si besoin, mettez de l'ordre, soyez autoritaire, ne laissez pas quelqu'un parler trop longtemps.
3. Après que tout le monde a donné son point de vue, prenez la parole :
– résumez les propositions de chacun ;
– proposez un lieu, expliquez les raisons de votre choix ;
– puis dites ceci : « *Je pense que c'est moi qui dois décider. J'ai décidé que nous irons au/en/à* (nom du lieu que vous avez choisi) » ;
– demandez à chacun, à tour de rôle, ce qu'il pense de votre proposition.
4. Après ce tour de table, la réunion est terminée. Dites ceci « *Je crois que nous avons fait le tour de la question. La réunion est terminée.* »

Dossier 8 • (Page 47)

1. Lisez les premiers mots du texte suivant à la personne B. Puis écoutez la personne B et complétez la mention manquante. Continuez ainsi.

> Jacques Fayette dirige _____ . Un jour qu'il se promène _____ , il remarque une cliente qui _____ à un comptoir. Personne ne fait _____ à elle. Les vendeurs sont dans un coin _____ .

2. Vérifiez que vous avez bien le même texte que la personne B. Mais attention ! À aucun moment vous n'avez le droit de lire le texte de B.
3. Maintenant, dictez la fin de l'histoire suivante à la personne B. Demandez-lui de prendre note.

> Jacques Fayette se dirige alors vers les vendeurs, note leur nom dans son carnet et leur demande de servir immédiatement la cliente.

4. Demandez à la personne B de vous lire ce qu'elle a écrit, pour vous assurer qu'elle a bien compris.
5. Maintenant, la personne B va vous dicter une autre fin de l'histoire. Écoutez-la et prenez note.
6. Quelle fin préférez-vous ? Pourquoi ? À la place de Jacques Fayette, feriez-vous autre chose ?

Dossier 9 • (Page 57)

Vous travaillez comme vendeur (ou vendeuse) chez un opticien. Vous êtes seul(e) dans le magasin. Votre patron est absent pour la journée. Un(e) client(e) entre dans le magasin. À vous de jouer.

Dossier 10 • (Page 67)

Vous êtes Sabine Rossi. Nous sommes le 15 juin et vous n'avez toujours pas reçu la planche n° 6 manquante. Vous téléphonez à Télitech pour réclamer.

Dossier 11 • (Page 61)

Victor Dujardin vient de vous envoyer le message ci-dessous. Lisez ce message attentivement.
a. Expliquez à la personne B le contenu de ce message. Expliquez en détail.
b. À son tour, la personne B va expliquer le contenu du message qu'elle a reçu de Paul Chen. Écoutez-la. Si vous ne comprenez pas bien, demandez-lui des explications.
c. Pourquoi Victor Dujardin et M. Suzuki n'ont-ils pas réussi à faire des affaires ? Répondez à cette question avec la personne B. Mettez-vous d'accord sur une réponse commune.

A : meyer.personneA.fr

De : Victor Dujardin

Objet : (mauvaises) nouvelles de Tokyo

Bonjour,

Les nouvelles ne sont pas bonnes : je n'ai rien vendu. Ma rencontre avec M. Suzuki, notre client japonais, s'est mal passée.

Pourtant, tout avait bien commencé. Quand je suis arrivé à son bureau, M. Suzuki m'a accueilli très gentiment. Une secrétaire nous a servi du thé vert dans de petits bols. J'aurais préféré un bon café, mais tant pis, j'ai fait des efforts pour boire le thé. M. Suzuki m'a demandé si j'étais content de mon séjour à Tokyo, comment s'était passé le voyage, etc. Tout allait bien.

Rapidement, je suis passé aux choses sérieuses. J'ai présenté notre nouveau filtre. M. Suzuki l'a examiné avec beaucoup d'attention.

J'ai demandé si ce produit l'intéressait. Après un long silence, il m'a simplement répondu : « Peut-être. » Une réponse peu encourageante. Alors, j'ai de nouveau insisté sur les qualités du produit. Je lui ai dit qu'il devrait passer commande immédiatement, qu'il ne devrait pas hésiter une seconde. Il ne disait rien. Finalement, il m'a suggéré de faire quelques modifications techniques. J'étais très étonné. « Quelles modifications ? », ai-je demandé. Réponse de M. Suzuki : « Nous devons réfléchir. »

Ce matin j'ai téléphoné à M. Suzuki. J'ai dit que nous étions prêts à apporter les modifications qu'il voulait. Il m'a répondu : « C'est très bien, merci. Nous en reparlerons plus tard. » « Quand ça ? », ai-je demandé. Il a encore répondu : « Peut-être ! » J'ai l'impression qu'il se moque de moi. J'ai assez perdu de temps ici. Je rentre en France demain.

Victor

Dossier 12 • (Page 64)

Vous êtes consultant(e) chez SFR. Vous allez rencontrer Maxime.

Vous pensez que, pour développer son affaire, un jeune créateur de mode a intérêt à créer un site de commerce électronique.

Lisez le document suivant et répondez aux questions de Maxime.

Le commerce électronique, à quoi ça sert ?

Vous êtes à la tête d'une entreprise et vous vous interrogez sur l'opportunité de faire du commerce en ligne. N'hésitez plus ! Avec le commerce électronique, vous pourrez :

– économiser les frais de papier ;

– soutenir la concurrence d'entreprises beaucoup plus importantes que la vôtre, parce que personne ne peut deviner, d'après votre présence sur Internet, la taille de votre entreprise ;

– vendre vos produits sept jours sur sept, 24 heures par jour, dans le monde entier ;

– faire la promotion de vos produits en utilisant les pages Web ;

– travailler à domicile.

Dossier 13 • (Page 79)

La personne B va vous poser des questions sur l'évolution du cours de l'action Castor au cours des quatre premiers mois de l'année. Consultez le graphique suivant et répondez aux questions de B.

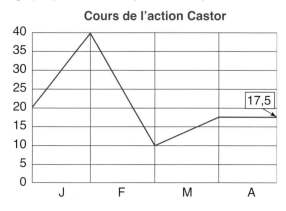

Cours de l'action Castor

Dossier 14 • (Page 89)

Vous êtes le P-DG de la société Amende, un fabricant de matériel médical. Vous allez rencontrer la personne B.

B est analyste financier. Elle veut collecter des informations sur votre entreprise. Répondez à ses questions à l'aide des informations suivantes.

	Année passée	Cette année
Chiffre d'affaires	2 100 000 €	2 300 500 € (+ 9,5 %)
Effectifs	4 900	5 600 (+ 14,3)
Investissements	21 000 €	1 800 000 € Nouvel atelier en Hongrie
Bénéfice	340 000 €	170 000 € (– 50 %)

Dossier 15 • (Page 41)

Vous êtes le participant A.

Avant la réunion : choisissez un lieu de destination pour le voyage de cette année, préparez vos arguments pour défendre votre point de vue.

Pendant la réunion :

– proposez un lieu, expliquez les raisons de votre choix,

– à la fin de la réunion, quand le président a parlé et vous demande votre avis, dites que vous êtes d'accord avec lui. Dites ceci : « **Je pense que votre proposition est la meilleure**. »

Dossier 16 • (Page 75)

Vous êtes monsieur Cazenave, propriétaire du restaurant *La Casserole*. Il y a trois semaines, vous avez reçu une facture des Magasins Mobeco. Cette facture (n° 576) contenait une erreur et vous avez envoyé un e-mail de réclamation à Mobeco. Depuis, vous êtes sans nouvelles. Vous allez recevoir un appel téléphonique de Mobeco. À l'aide des documents de la page 75, répondez à cet appel.

Dossier 1 • (Page 9)

La personne A va vous poser des questions sur le groupe Carrefour.
Répondez-lui à l'aide de la fiche d'identité suivante.

FICHE D'IDENTITÉ

- **Nom de l'entreprise :** Carrefour
- **Secteur d'activité :** grande distribution
- **Effectifs :** 480 000 (120 000 hors de France)
- **Chiffre d'affaires :** 80 milliards d'euros
- **Siège social :** Paris, France
- **Lieux d'implantation :** 10 000 magasins dans une trentaine de pays
- **Étendue du marché :** numéro 2 mondial de la grande distribution (n° 1 : Wal-Mart, américain ; n° 3 : Metro, germano-suisse).
- **Autres caractéristiques :** ouverture du premier magasin Carrefour en 1963

Dossier 2 • (Page 25)

Vous êtes Émilie.
La personne A (Charlotte) possède des informations sur deux locaux, 1 et 2.
a. Posez-lui des questions et complétez le tableau suivant.
b. Mettez-vous d'accord avec elle sur le meilleur local.

	Local 1	Local 2
Emplacement		
Environnement		
Superficie		
Cuisine		
Loyer		
Observations		

Dossier 3 • (Page 19)

La personne A détient des informations sur l'évolution de la consommation des ménages français de 1950 à aujourd'hui.

a. À l'aide de la boîte à outils ci-dessous, posez-lui des questions pour compléter les phrases suivantes.

1. En 1950, un ménage français consacrait près de 50 % de son budget à _____. Aujourd'hui, il en consacre seulement _____ %.

2. Le _____ est maintenant le premier poste de la consommation des Français. Il représente_____ % du budget d'un ménage.

3. En proportion, les dépenses de _____ et de _____ ont doublé depuis 1950.

4. Depuis 1950, les dépenses de transport ont constamment augmenté, elles sont passées de _____ % du budget d'un ménage en 1950 à _____ % en 1970 et à _____ % aujourd'hui.

Boîte à outils

- À quoi un ménage français consacre-t-il 50 % de… ?
- Quelle part de son budget un ménage français consacre-t-il à… ?
- Quel est le premier poste de consommation… ?
- Quelle part du budget représente le poste « logement »… ?
- Quels sont les types de dépenses qui ont doublé… ?

b. À partir des informations suivantes, expliquez à la personne A pour quelles raisons les dépenses de santé ont augmenté.

- La population a beaucoup vieilli.
- Les techniques médicales ont progressé et sont plus coûteuses.
- Les gens se préoccupent beaucoup de leur santé.

Dossier 4 • (Page 33)

Lisez l'article suivant sur les deux fondateurs du Club Méditerranée. Il manque des informations. Complétez le texte en posant des questions à la personne A.

Exemple : De quelle nationalité est Gérard Blitz ?

La personne A commence la conversation. Elle va vous poser une première question.

GILBERT TRIGANO ET GÉRARD BLITZ
La rencontre
de deux créateurs d'entreprise

Le Club Méditerranée possède aujourd'hui 80 villages de vacances répartis dans le monde entier. L'entreprise est née il y a plus de cinquante ans. Ses deux fondateurs s'appellent Gérard Blitz est Gilbert Trigano.

Gérard Blitz est de nationalité (1) _____, il est champion olympique de water-polo et champion du monde de (2) _____. Il est né en 1911. En 1949, il a l'idée de créer un village de vacances : les membres du club sont invités à vivre en communauté sur une île, le temps des vacances, et à pratiquer des sports de la mer. Gérard Blitz a besoin de matériel de camping. Il téléphone à Gilbert Trigano.

En 1949, Gilbert Trigano vend du (3) _____ pour la petite entreprise de ses parents. Il n'a pas 30 ans, mais il a déjà de nombreuses expériences.

À 15 ans, par manque (4) _____, il a quitté l'école. Il avait une passion : (5) _____. Il voulait devenir un grand acteur. Mais la guerre a mis fin à sa carrière artistique. En 1940, il a rejoint une organisation communiste clandestine. Après la guerre, il a été (6) _____ pendant quelque temps.

Pendant plusieurs années, Gérard Trigano va fournir du matériel de camping au Club Méditerranée, le village de vacances créé par Gérard Blitz. Puis, en 1953, Trigano et Blitz s'associent. Tous deux vont inventer le (7) _____. En vingt ans, ils vont transformer le petit club en un empire touristique mondial.

Dossier 5 • (Page 27)

Vous êtes spécialiste du droit des sociétés. La personne A va vous demander conseil. À l'aide des informations suivantes sur la SARL et la SA, répondez à ses questions.

> **SARL**
> • Le capital minimal exigé est peu élevé.
> • Son fonctionnement est simple. Pendant la vie de la société, les formalités juridiques et comptables sont peu nombreuses.
> **SA**
> • Les associés doivent être 7 au minimum.
> • Pendant la vie de la société, il faut remplir de nombreuses formalités juridiques et comptables.

Dossier 6 • (Page 35)

La personne A va vous poser des questions sur Jacques Tati. Répondez-lui à l'aide de la fiche d'embauche suivante.

> ### QUESTIONNAIRE D'EMBAUCHE
> *Nom et prénom* : Tati Jacques
> *Poste* : vendeur
> *Période d'essai* : 15 jours
> *Durée du contrat* : du 1er juin au 30 septembre
> *Lieu de travail* : Bordeaux, France
> *Rémunération* : 1 180 euros par mois + commission de 3 %

Dossier 7 • (Page 41)

Vous êtes le participant B.

Avant la réunion : choisissez un lieu de destination pour le voyage de cette année, préparez vos arguments pour défendre votre point de vue.

Pendant la réunion :
– proposez un lieu, expliquez les raisons de votre choix ;
– à la fin de la réunion, quand le président a parlé et vous demande votre avis, dites que vous êtes d'accord avec lui. Dites ceci : « **La proposition de notre président(e) est excellente. Je crois que nous sommes tous d'accord.** »

Dossier 8 • (Page 47)

1. Écoutez la personne A et complétez la première mention manquante du texte suivant. Puis lisez les mots suivants. Continuez ainsi.

> Jacques Fayette _____ un grand magasin. _____ dans les rayons du magasin, il remarque _____ qui attend à un comptoir. _____ ne fait attention à elle. _____ sont dans un coin en train de rire et de bavarder.

2. Vérifiez que vous avez bien le même texte que la personne A. Mais attention ! Vous ne devez pas lire le texte de A.

3. Maintenant, la personne A va vous dicter la fin de l'histoire. Écoutez-la et prenez note.

4. Maintenant dictez la fin de l'histoire suivante à la personne A. Demandez-lui de prendre note.

> Sans rien dire, Jacques Fayette va derrière le comptoir, sert lui-même la cliente, demande à l'un des vendeurs d'emballer le produit et continue son chemin.

5. Demandez à la personne A de vous lire ce qu'elle a écrit, pour vous assurer qu'elle a bien compris.

6. Quelle fin préférez-vous ? Pourquoi ? À la place de Jacques Fayette, feriez-vous autre chose ?

Dossier 9 • (Page 57)

Vous entrez chez un opticien pour acheter des lunettes de soleil. Vous êtes particulièrement intéressé(e) par des lunettes de la marque Cébé. Vous achèterez seulement si le vendeur (ou la vendeuse) vous accorde une réduction. Une petite réduction vous suffit.

Dossier 10 • (Page 64)

Vous êtes Maxime. Vous allez rencontrer un(e) consultant(e) de SFR.

Vous avez peur de vous lancer dans le commerce électronique et vous n'en voyez pas bien l'intérêt. Vous pensez que la création et le maintien d'un site Web coûte cher et que le commerce électronique ne convient pas à une petite entreprise comme la vôtre.

a. Faites part de vos doutes à la personne A. Demandez-lui quels seraient, dans votre cas, les avantages du commerce électronique. Prenez des notes.

b. Finalement, que décidez-vous ? Pourquoi ?

Dossier 11 • (Page 61)

Paul Chen vient de vous envoyer le message suivant. Lisez-le attentivement.

a. La personne A va expliquer le contenu du message qu'elle a reçu de Victor Dujardin. Écoutez-la. Si vous ne comprenez pas bien, demandez-lui des explications.

b. À votre tour, expliquez à la personne A le contenu de votre message. Expliquez en détail.

c. Pourquoi Victor Dujardin et M. Suzuki n'ont-ils pas réussi à faire des affaires ? Répondez à cette question avec la personne A. Mettez-vous d'accord sur une réponse commune.

> De : Paul Chen
> A : meyer.personneB.fr
> Objet : voyage de Victor Dujardin à Tokyo
>
> Bonjour,
> J'ai appris que votre vendeur, Victor Dujardin, avait rendu visite à M. Suzuki, à Tokyo. Je connais M. Suzuki depuis longtemps. Ce matin, il m'a téléphoné et m'a longuement parlé de la visite de Victor Dujardin. J'ai peur que monsieur Dujardin manque un peu d'éducation. Quand on lui a offert du thé, il n'avait pas l'air content. M. Suzuki lui a posé quelques questions sur son voyage à Tokyo. Victor Dujardin a dit qu'il n'avait pas de temps à perdre, qu'il était là pour parler de choses sérieuses. Il a présenté son produit pendant cinq minutes, il a demandé à M. Suzuki de l'examiner, puis il a demandé : « Bon, alors, est-ce que ça vous intéresse ? » M. Suzuki a dit que le produit était de grande qualité, mais qu'il devait en parler avec son équipe. M. Suzuki attache beaucoup d'importance à l'avis de ses collaborateurs, il ne veut pas décider seul. Malheureusement, votre vendeur voulait une réponse tout de suite. Alors, M. Suzuki lui a dit : « Peut-être », une manière de dire qu'il ne pouvait pas prendre de décision immédiatement, qu'il devait réfléchir. À ce moment-là, votre vendeur s'est énervé. Il a commencé à parler très fort, en bougeant dans tous les sens. Il a répété qu'il avait besoin d'une réponse tout de suite. M. Suzuki était très choqué par son agressivité. Finalement, il a préféré refuser en disant qu'il faudrait apporter des modifications. Manifestement, votre vendeur doit apprendre comment les choses fonctionnent ici.
> Cordialement,
> Paul Chen

Dossier 12 • (Page 67)

Vous êtes Sarah. Vous travaillez au service après-vente du magasin Télitech. Vous allez recevoir l'appel d'un client. Consultez la fiche client ci-dessous et réglez au mieux le problème.

FICHE CLIENT

Nom : Rossi
Prénom : Sabine
Numéro du client : 987883
Commande n° 1768 du 18 mai
Produit : table informatique 00539
Prix : 89 euros TTC
Adresse de facturation :
20, rue Genève 79000 Niort
05 49 79 36 63
Adresse de livraison :
identique à l'adresse de facturation
Suivi de la commande
– 26 mai : livraison
– 28 mai : Appel téléphonique du client. Livraison incomplète. Il manque la pièce n° 6. J'ai contacté le fournisseur, qui envoie la pièce par la poste directement au client. Fabien.

Dossier 13 • (Page 79)

a. Le texte suivant porte sur l'évolution du cours de l'action Castor. Posez des questions à la personne A pour compléter les mentions manquantes.

En janvier, le cours de l'action Castor a doublé : il est passé de _____ euros au début de janvier à _____ euros à la fin du mois. Le mois suivant, l'action a considérablement baissé pour atteindre un plus bas historique de _____ euros à la fin de février. Le cours est ensuite progressivement remonté. À la fin de mars, l'action s'échangeait à _____ euros. En avril, le cours est resté _____ . À la fin d'avril, l'action valait toujours _____ euros.

b. Dessinez le graphique de l'évolution de l'action Castor au cours des cinq premiers mois de l'année. Puis comparez avec celui de la personne A.

Dossier 14 • (Page 75)

Vous travaillez pour le magasin Mobeco. Il y a trois semaines, vous avez envoyé une facture à M. Cazenave. Cette facture (n° 576) était payable au comptant. Mais depuis lors, vous êtes sans nouvelles (pour une raison ou une autre, vous n'avez pas reçu son e-mail de réclamation). Téléphonez à M. Cazenave, la personne A, pour lui demander de payer la facture.

Pendant l'entretien téléphonique, vous aurez besoin de consulter les documents de la page 75.

Dossier 15 • (Page 89)

Vous êtes analyste financier.

Vous avez pris rendez-vous avec le P-DG, de la société Amende. Vous souhaitez obtenir des informations sur les résultats de la société.

Discutez avec lui et prenez des notes sur les points suivants : chiffre d'affaires, bénéfice, effectifs, investissements de cette année et de l'année passée.

Vous devez collecter des informations sur chacun de ces points en comparant les résultats (montant et évolution en pourcentage) de cette année avec ceux de l'année dernière.

Dossier 16 • (Page 41)

Vous êtes le participant C.

Le sujet de la réunion ne vous intéresse pas. Vous voulez parler d'autre chose. En fait, vous aimez raconter des histoires. Généralement, vous racontez toujours les mêmes histoires.

Préparez une bonne histoire.

Pendant la réunion : à chaque fois que le président vous demande votre avis, racontez votre histoire. N'oubliez pas : c'est toujours la même histoire !

À la fin de la réunion, quand le président a parlé et vous demande votre avis, racontez votre histoire, puis dites que vous êtes d'accord avec lui.

Dites ceci : « *Je suis pleinement d'accord avec notre président. Sa proposition est absolument géniale.* »

Grammaire

L'expression du lieu

1 Continents, pays, villes

• On utilise « **en** », « **à** », et « **aux** » pour indiquer le continent, le pays, la ville où on est/où on va.

> *Je suis/je vais **à** Rome.* (à + ville)
> > ***en** Russie.* (en + *pays féminin*)
> > ***en** Asie.* (en + *continent*)
> > ***en** Iran.* (en + *pays masculin commençant par une voyelle*)
> > ***au** Pérou.* (au + *pays masculin*)
> > ***aux** Pays-Bas.* (aux + *pays pluriel*)

⚠ En général, les pays qui se terminent en « e » sont féminins : la France, la Pologne, la Thaïlande, etc. Exceptions : le Mexique, le Cambodge, le Zaïre, le Zimbabwe, le Mozambique.
Les autres sont masculins : le Brésil, le Japon, le Portugal, etc.

On utilise « **de** » ou « **du** » ou « **d'** » pour indiquer le pays, la ville d'où on vient.

> *Je viens **de** Bruxelles.* (de + *ville*)
> > ***de** Turquie.* (de + *pays féminin*)
> > ***du** Japon.* (du + *pays masculin*)
> > ***d'**Irlande.* (« d' » *devant un voyelle*)

⚠ On ne fait pas d'élision devant le « h » aspiré (de Hongrie, de Hollande).

2 Intérieur et extérieur

• L'intérieur : « **à l'intérieur de** », « **dans** », « **dedans** ».

• L'extérieur : « **à l'extérieur de** », « **en dehors de** », « **dehors** ».
> *Il vit **en dehors** de la réalité.*
> *Il fait très froid **dehors**.*

3 Distance et proximité

• La distance : « **loin de** ».

• La proximité : « **(tout) proche de** », « **(tout) près de** », « **aux environs de** ».
> *Il habite **aux environs de** Montréal.*

4 Haut et bas

• Le haut : « **sur** », « **en haut de** », « **au-dessus de** », « **dessus** ».

• Le bas : « **sous** », « **en bas de** », « **au-dessous de** », « **dessous** ».

5 Devant et derrière

• Le devant : « **devant** », « **en face de** ».

• Le derrière : « **derrière** ».

6 La direction

« **vers** », « **tout droit** », « **à (votre) droite/gauche** », « **sur votre droite/gauche** », « **au bout de** ».

EXERCICES

A. Complétez avec une préposition.

1. La Turquie	Elle habite **en** Turquie.
2. Istanbul	Elle vit _____
3. Le Canada	Elle va _____
4. Les États-Unis	Elle était hier _____
5. New-York	Elle revient _____
6. L'Égypte	Il est originaire _____
7. Le Caire	Il était hier _____
8. Le Caire	Il arrive donc _____

B. Complétez avec une préposition.

Roger est né _____ Chili, mais il vit _____ France, _____ une ville située _____ le sud du pays. Il est ingénieur _____ Michelin. Avant, il travaillait _____ une petite entreprise, _____ Pays-Bas.

C. Complétez les phrases ci-dessous avec une expression de lieu.

1. Le bureau du P-DG se trouve _____ dernier étage d'un immeuble situé _____ le quartier des affaires.
2. Le P-DG voyage souvent, mais aujourd'hui il est _____ son bureau, assis _____ son fauteuil, _____ son ordinateur. _____ mur, _____ lui, est accroché un graphique.
3. _____ sa table, il y a aussi une lampe et un téléphone.
4. Demain, le P-DG ne sera pas là. Il sera en voyage d'affaires _____ Chine, _____ Shanghai.
5. Il prend l'avion ce soir _____ l'aéroport Roissy-Charles-De-Gaulle, qui se trouve _____ nord-est _____ Paris, _____ une trentaine de kilomètres.

---

2   L'interrogation directe

1   Trois manières de poser des questions

- Avec l'intonation montante (style courant) :
  Vous connaissez la France?

- Avec « **Est-ce-que** » (style courant) :
  Est-ce que *vous travaillez?*

- Avec l'inversion du verbe et du pronom :
  Avez-vous *un passeport?* (style soutenu).

2   Pour interroger sur UNE PERSONNE

- Style courant :
  C'est qui? Qui est-ce qui vient?

- Style soutenu :
  Qui est-ce?
  Qui vient?

⚠ **Qui** peut-être précédé d'une préposition :
  Avec qui *travailles-tu?*

3   Pour interroger sur UN OBJET

- Style courant :
  C'est **quoi?** ***Qu'est-ce que*** *c'est?*
  Il fait **quoi?** ***Qu'est-ce qu'****il fait?*

- Style soutenu :
  Qu'est-ce? ***Que*** *fait-il?*

⚠ **Quoi** peut être précédé d'une préposition :
  À **quoi** *penses-tu?*

4   Quel est utilisé pour UN OBJET ou UNE PERSONNE

- Style courant :
  C'est **quel** *jour?* **Quel** *jour* ***est-ce que*** *c'est?*
  Tu fais **quel** *travail?* **Quel** *travail* ***est-ce que*** *tu fais?*

- Style soutenu :
  Quel *jour est-ce?* **Quel** *travail fait-il?*
  Quelle *est cette femme assise là-bas?*

⚠ **Quelle** peut être précédé d'une préposition :
  À **quelle** *heure viens-tu?*

5   Pour interroger sur DES CIRCONSTANCES : « Où? » « Quand? » « Pourquoi? » « Comment? » « Combien? »

- Style courant :
  Tu gagnes **combien?** **Combien** *tu gagnes?*
  Combien ***est-ce*** *que tu gagnes?*

- Style soutenu :
  Combien *gagnes-tu?*

6   Pour interroger sur UN CHOIX
« Lequel? » « Lesquels? » « Laquelle? » « Lesquelles? »

- Style courant :
  Tu préfères **laquelle?** **Laquelle** ***est-ce*** *que tu préfères?*

- Style soutenu :
  Laquelle *préfères-tu?*

EXERCICES

A. Choisissez le mot entre parenthèses qui convient.

1. *(Que, Qui)* travaille ici ?
2. Il fait *(quel, lequel)* temps dehors ?
3. *(Quoi, Qui)* cherchez-vous ?
4. De *(que, qui)* parlez-vous ?
5. À *(que, qui)* est-ce *(que, qui)* tu penses ?
6. Qu'est-ce *(que, qui)* tu veux dire ?
7. *(Quoi, Que)* voulez-vous dire ?
8. À *(qui, auquel)* écrivez-vous ?

B. Complétez.

1. _____ âge a-t-elle ? – Elle a 20 ans
2. _____ vous faites ? – Rien de spécial.
3. _____ parlez-vous ? – De vous.
4. _____ il y a dans cette tasse ? – Du café.
5. _____ est au téléphone ? – C'est Paul.
6. _____ est cette gomme ? – À moi.
7. _____ préfères-tu ? – Les blanches.

C. Les questions ci-dessous sont extraites d'un entretien d'embauche. Complétez les mentions manquantes.

1. _____ salaire souhaitez-vous ?
2. _____ vous intéresse dans cet emploi ?
3. _____ sont vos qualités ?
4. _____ sont vos défauts ?
5. _____ raison avez-vous choisi notre entreprise ?
6. _____ temps resterez-vous avec nous ?
7. _____ vous ne supportez pas chez les autres ?
8. _____-vous une question à me poser ?

3 L'expression de la quantité

1 Les nombres cardinaux

0	zéro	23	vingt-trois
1	un	30	trente
2	deux	40	quarante
3	trois	50	cinquante
4	quatre	60	soixante
5	cinq	70	soixante-dix
6	six	71	soixante et onze
7	sept	72	soixante douze
8	huit	80	quatre-vingt**s**
9	neuf	81	quatre-vingt-un
10	dix	90	quatre-vingt-dix
11	onze	91	quatre-vingt-onze
12	douze		
13	treize		
14	quatorze	100	cent
15	quinze	101	cent un
16	seize	200	deux cent**s**
17	dix-sept	1 000	mille
18	dix-huit	10 000	dix mille
19	dix-neuf	1 000 000	un million
20	vingt	10 000 000	dix million**s**
21	vingt et un	1 000 000 000	un milliard
22	vingt-deux	10 000 000 000	dix milliard**s**

2 Les nombres ordinaux

Ils se forment en ajoutant « **-ième** » au nombre correspondant.

deux ⇒ deux**ième**
trois ⇒ trois**ième**
mais
un ⇒ **premier**
vingt et un ⇒ vingt et un**ième**
trente et un ⇒ trente et un**ième**, etc.

3 Fractions et pourcentages

1/2 : un demi
1/3 : un tiers
1/4 : un quart
1/5 : un cinqu**ième**
1/1000 : un mill**ième**
3 % : trois pour cent

*Cette année, notre chiffre d'affaire a augmenté de **15 %**.*

4 Expressions numériques suivies de *de + nom*

une dizaine de…, une centaine de…, un millier de…, un million de…, un milliard de…

*Je vais passer **une dizaine de** jours à Paris.*
*Il a perdu **des centaines de milliers d'**euros à la Bourse.*

E X E R C I C E S

A. Reliez les éléments de la colonne A à ceux de la colonne B.

A		B
a. 2/3	*2*	1. dix heures et quart
b. 1/5	…	2. les deux tiers
c. 10 h 15	…	3. le maximum
d. 10 ans	…	4. une demi-douzaine
e. 100 ans	…	5. une décennie
f. 6	…	6. 20 %
g. 20 sur 20	…	7. un siècle

B. Écrivez la réponse en lettres.

1. Vingt-huit et quatre font _____.
2. Trente six moins cinq font _____.
3. Douze divisés par trois égalent _____.
4. Quatre fois vingt égalent _____.
5. Mille fois cent font _____.
6. Deux mille fois mille font _____.
7. Huit pour cent de deux cents égalent _____.
8. Le _____ mois de l'année est septembre.
9. Dans une année, il y a _____ jours.

C. Complétez les statistiques ci-dessous avec *6, 16, 27, 58, 200, 25 000, 500 000 000*

1. Depuis 2007, l'Union européenne compte _____ pays membres et _____ d'habitants.
2. En Europe, _____ % des femmes et 41 % des hommes aiment se regarder dans un miroir.
3. _____ Européens adultes mesurent moins de 1,40 m.
4. En moyenne, un cadre supérieur européen mesure _____ cm de plus qu'un ouvrier.
5. En France, 14 % des salariés tutoient leur patron, _____ % l'appellent par son prénom.
6. 90 % des emplois créés le sont dans des entreprises de moins de _____ salariés.

5 Les indéfinis

a) Les adjectifs indéfinis sont suivis d'un nom.

• « **quelques** », « **plusieurs** », « **différent(e)s** », « **certain(e)s** » s'utilisent au pluriel.

> *Ils ont rencontré **certaines** difficultés.*

• « **chaque** » est au singulier.

> ***Chaque** jour, on va travailler.*

• « **tout** », « **tous** », « **toute** », « **toutes** » s'accordent avec le nom qui suit.

> *J'ai envisagé **toutes** les possibilités.*

b) Les pronoms indéfinis sont utilisés à la place du nom.

• « **quelques-un(e)s** », « **plusieurs** », « **certain(e)s** », « **d'autres** » sont au pluriel, « **chacun(e)** » est singulier.

> ***Certains** sont d'accord, **d'autres** pas.*

• « **tous** », « **toutes** ».

> *Ils sont **tous** venus.*

⚠ On prononce le « s » du pronom « tous », mais pas le « s » de l'adjectif « tous ».

> ***Tous** nos clients sont là. Ils sont **tous** venus.*

• « **tout** » = toutes les choses.

> ***Tout** est prêt.*

6 Les articles partitifs

On utilise l'article partitif (c'est-à-dire : **de** + *article défini*) pour indiquer une partie de…, une certaine quantité de…

> *Pour réussir, il faut **du** talent et **de la** persévérance.*
> *Je vais chercher **de** l'argent à la banque.*

⚠ Avec les verbes aimer, détester…, on utilise l'article défini.

> *J'aime **le** travail bien fait.*

⚠ « Des » est généralement un article indéfini (pluriel de « un ») et rarement un article partitif (« de + les »).

> *Nous avons **des** concurrents redoutables (deux, trois).*
> *Il fait **des** affaires (« de + les »).*

7 Avec la négation, « de » remplace les articles partitifs et indéfinis.

> *Il n'a **pas de** travail. Il ne gagne **plus d'**argent.*
> <u>Mais</u> : *Je n'aime **pas la** comptabilité.*

⚠ Quelques négations particulières : « **sans** », « **ne … aucun** », « **ne … personne** », « **ne… rien** », « **ne… ni… ni** », « **ne… pas encore** ».

> *C'est une entreprise **sans** usine?*
> *Il n'a **aucun** diplôme, mais il réussit très bien.*

8 Avec des expressions de quantité, « de » remplace les articles partitifs.

> *J'ai **peu d'**ancienneté dans cette entreprise.*

A. Complétez avec *du, de la, de l', d', des.*

1. Le pâtissier vend _____ gâteaux.
2. Le poissonnier vend _____ poisson.
3. Le boucher vend _____ viande.
4. Le marchand de légumes vend _____ ail, _____ haricots verts et _____ autres légumes.

B. Complétez avec *du, de, le, un.*

1. Sylvie a _____ courage.
2. Elle a beaucoup _____ courage.
3. Elle a _____ grand courage.
4. Ils admirent tous _____ courage de Sylvie.

C. Paul et Jacques sont au supermarché. Complétez leur dialogue.

Jacques : Aujourd'hui, je ne veux pas de viande.
Paul : Alors, on pourrait acheter…

Jacques : Je ne supporte pas l'alcool.
Paul : Tu n'as qu'à boire…

Jacques : Je déteste les yaourts aux fruits.
Paul : Tu n'as qu'à prendre…

D. Basile est au chômage depuis un an. Complétez sa déclaration avec *chaque, chacun(e), aucun(e).*

Basile : « _____ a ses problèmes. Mon problème à moi, c'est le chômage. Je ne trouve _____ travail. J'ai écrit à _____ entreprise de la région. _____ ne m'a répondu. Maintenant, je n'ai plus _____ espoir. »

E. Dites le contraire.

1. Elle a le sens des affaires.
2. Je travaille le samedi et le dimanche.
3. Il rencontre de nombreux problèmes.
4. J'ai déjà reçu les résultats.

F. Classez du degré le plus faible au degré le plus fort.

1. Cette solution présente un certain intérêt.
2. Cette solution présente quelque intérêt.
3. Cette solution présente peu d'intérêt.
4. Cette solution ne présente aucun intérêt.
5. Cette solution présente un peu d'intérêt.
6. Cette solution présente beaucoup d'intérêt.
7. Cette solution présente un intérêt considérable.

4 · Les pronoms compléments

1 · « le », « la », « l' », « les »

sont des pronoms compléments **directs** et remplacent des noms de **choses** ou de **personnes**.

> – *Tu vois les enfants? – Oui, je **les** vois.*
> – *Tu appelles Jacques? – Je **l'**appelle tout de suite.*

2 · « lui », « leur »

sont des pronoms compléments **indirects** et remplacent des noms de **personnes** uniquement.

> – *Tu as téléphoné aux enfants? – Je viens de **leur** téléphoner.*

3 · « m(e) », « t(e) », « nous », « vous »

sont des pronoms **directs** et **indirects**.

> – *Il t'a appelé? – Il **m'**appelle rarement.*

4 · « y »

- « **y** » remplace les noms compléments de lieu.
  > – *Le passeport est dans le tiroir? – Oui, il **y** est.*
- « **y** » remplace les noms de **choses** précédés de la préposition « **à** ».
  > – *Tu as réfléchi à ma proposition? – Oui, j'**y** ai réfléchi.*

⚠ Pour les noms de personne, on utilise les pronoms indirects.
> – *Tu as écrit à Félix? – Oui, je **lui** ai écrit.*
> – *Tu as pensé à Félix? – Oui, j'ai pensé à **lui**.*

5 · « en »

- « **en** » remplace un nom indiquant une quantité indéterminée.
  > – *Elle boit du vin? – Elle **en** boit parfois.*
- Si la quantité est précisée, elle est ajoutée à la fin.
  > – *Il y a des blessés? – Il y **en** a **trois**.*
- « **en** » remplace un nom précédé d'un verbe construit avec « **de** ».
  > – *Tu te souviens de cette histoire? – Oui, je m'**en** souviens.*

6 · La place des pronoms

- Il y a un seul pronom. Dans ce cas, on le place **devant le verbe** aux temps simples et composés. Avec la négation, on le place entre la première négation et le verbe.
  > *Je ne **lui** ai pas encore téléphoné. Je vais l'appeler bientôt.*
  > *Ne **lui** téléphone pas!*

⚠ À l'impératif affirmatif, le pronom se place après le verbe.
> *Téléphonez-**lui**! Penses-**y**! Appelle-**le**!*

- Il y a deux pronoms. Dans ce cas, on les place dans l'ordre suivant.
  > *Félix **le lui a dit**.*

me – m' te – t' se – s' nous vous	le – l' la – l' les	lui leur	y	en

A. Complétez avec le pronom qui convient.

1. Tu as lu mon rapport ? Comment _____ trouves-tu ?

2. C'est un bon orateur. Je _____ écouterais pendant des heures.

3. Allô ! Pierre ? Tu m'entends ? – Oui, je _____ entends très bien.

4. Mme Germaine n'est pas encore arrivée. Pouvez-vous _____ rappeler un peu plus tard ?

5. Il travaille à l'étranger. Sa famille _____ manque.

6. Parlez-_____ très fort, elle est sourde.

7. Inutile de _____ cacher la vérité, ils savent tout.

8. Vous avez laissé vos lunettes dans la voiture, ne _____ oubliez pas en partant.

B. Claire et Lucie ont une petite entreprise. Lisez les phrases ci-dessous et complétez les mentions manquantes avec des pronoms.

À chacune sa spécialité :

1. Le ménage : c'est Claire qui _____ fait.

2. Les vacances : c'est Lucie qui _____ prend.

3. Les sports d'hiver : c'est Lucie qui _____ va.

4. Les mauvais payeurs : c'est Claire qui s'_____ charge et qui _____ écrit des lettres de rappel.

5. Les bons clients : c'est Lucie qui _____ téléphone et qui _____ rend visite.

6. La comptabilité : Claire s'_____ occupe.

7. L'ordinateur : toutes deux _____ ont besoin.

8. Grégoire : Claire _____ achète des fleurs.

9. Grégoire : c'est Lucie qui va _____ épouser.

C. Reconstituez les phrases.

1. Elle / peu / lui / à / s'intéresse

2. Nous / souvent / y / avons / pensé

3. Ils / informés / ont / nous / en

4. Je / déjà / te / l' / dit / ai

5. Il / y / ne / aller / veut / pas

6. Je / ai / parlé / en / lui / pas encore / ne

5 Le passé composé et l'imparfait

 Le passé composé se forme avec

a) ÊTRE au présent + *participe passé.*

• pour les 14 verbes suivants : aller / arriver / descendre / entrer / monter / mourir / naître / partir / passer / rester / retourner / sortir / tomber / venir ainsi que pour leurs composés (redescendre, rentrer, parvenir, devenir, etc.).

> Il *est resté* trois mois dans cette entreprise.
> Elle *est devenue* la conseillère du président.

• pour les verbes pronominaux : se lever, s'habiller, se coucher, s'ennuyer, etc.

> Je *me suis ennuyé* à la réunion d'hier.
> Elle *s'est reconvertie* dans les affaires.

b) AVOIR au présent + participe passé.

• pour les autres verbes.

> J'**ai acheté** un nouvel ordinateur.
> Elle **a créé** sa propre entreprise.
> Il **a pris** sa retraite l'année dernière.
> Nous **avons dû** réduire nos dépenses.

• pour les verbes de déplacement habituellement conjugués avec « être » (descendre, entrer monter, etc.) quand ils sont construits avec un complément d'objet direct.

> J'**ai sorti** la voiture du garage.
> Elle **a passé** la journée au bureau.

 Choix entre passé composé et imparfait
Il dépend de la manière de considérer l'action.

• **Avec le passé composé**, on considère l'action comme un ÉVÉNEMENT.
> Quand le directeur *est arrivé*, tout le monde *l'a salué* et la réunion *a commencé.*

• **Avec l'imparfait**, on considère l'action comme une SITUATION.
> Dans cette entreprise l'ambiance *était* détestable : chacun *disait* du mal des autres, personne ne *travaillait* sérieusement.

⚠ Avec l'imparfait, le récit est statique. Le passé composé crée une rupture.
> Dans cette entreprise l'ambiance *était* détestable. Mais un beau jour M. Lebec *est arrivé* et tout *a changé.*
> Il *dormait* quand le téléphone *a sonné.*

⚠ Le choix entre passé composé et imparfait ne dépend pas de la durée de l'action. L'imparfait peut parfois servir à exprimer une action courte et le passé composé à exprimer une action longue.
> Il *sortait* du bureau quand je l'ai vu.
> Elle *a travaillé* pendant trente ans dans la même entreprise.

EXERCICES

Les textes suivants racontent chacun l'histoire d'une rencontre imprévue.
A. Mettez ces deux textes au passé.
B. Ces deux histoires ne sont pas terminées. Imaginez la fin.

Un tour du monde à bicyclette

Un jour, Laurence, qui travaille douze heures par jour et 7 jours sur 7, tombe gravement malade. Elle reste trois mois à l'hôpital entre la vie et la mort. Finalement, elle guérit et peut sortir de l'hôpital. Alors, elle change complètement sa vie. Elle démissionne. Elle achète un vélo et elle part faire le tour du monde. Un jour, alors qu'elle traverse un petit village grec, elle entend quelqu'un qui l'appelle par son nom. Elle se retourne et elle voit…

Un premier entretien d'embauche

Il est 15 heures. J'attends à l'accueil de la société Bonnette. Je me sens un peu nerveux. Normal, c'est mon premier entretien d'embauche. Je regarde l'hôtesse d'accueil. Elle dort. De temps en temps, le téléphone sonne et la réveille. Des gens pressés passent sans me regarder. Finalement, une dame arrive. Elle semble énergique. Elle dit quelque chose à l'hôtesse, puis elle se tourne vers moi. « Monsieur Lebouc ? » demande-t-elle. Alors, à ce moment précis, je la reconnais…

6 L'expression du temps

1 Les expressions suivantes permettent d'exprimer la durée et/ou de situer un événement dans le temps.

- « **à** » indique un siècle, une heure.
  *au XXIᵉ siècle, **à** 9 heures.*
- « **en** » indique :
– le mois, la saison
  En mars, en hiver, en été, en automne
  Mais : **au** mois de mars, **au** printemps.
– la durée de réalisation d'une action
  *Il a fait beaucoup de progrès **en** deux ans.*
- « **pendant** » indique une durée définie.
  *J'ai travaillé **pendant** trois heures.*
- « **pour** » indique une durée prévue.
  *Vous partirez **pour** combien de temps?*
- « **depuis** » indique une durée, une situation actuelle dont l'origine est dans le passé.
  *J'attends **depuis** longtemps/**depuis** 16 heures.*
- « **il y a… que** », « **ça fait… que** » remplacent « depuis » en début de phrase. Ils sont suivis d'une quantité de temps.
  Il y a / ça fait longtemps que j'attends.
- « **il y a** » (+ passé) se réfère à un moment passé.
  *Il est parti **il y a** trois jours.*
- « **dans** », « **d'ici** » indique un moment dans le futur.
  *Je pars (partirai) **dans** / **d'ici** trois jours.*
- « **à partir de** », « **dès** » indique un point de départ.
  *A partir de / **dès** demain, je me mets au travail.*
- « **jusqu'à** » indique un point d'arrivée.
  *J'ai travaillé **jusqu'à** minuit.*
- « **tout à l'heure** », « **en ce moment** », « **la semaine dernière** », « **ce matin** », etc. sont des expressions de temps courantes.

2 Les expressions suivantes relient des propositions.
a) Expressions suivies d'un verbe à l'*indicatif*.

- « **quand** », « **lorsque** » (surtout à l'écrit).
  Quand tu partiras, n'oublie pas ton passeport.
- « **dès que** », « **aussitôt que** ».
  Dès que tu as des nouvelles, appelle-moi.
- « **après que** », « **depuis que** », « **cependant que** ».
  Après qu'elle est partie, j'ai enfin pu travailler.
  Depuis qu'il est revenu, il se plaint tout le temps.
  *Ne le dérange pas **pendant qu**'il travaille.*

b) Expressions suivies du *subjonctif*.
- « **jusqu'à ce que** », « **avant que** », « **en attendant que** ».
  *Ne bougez pas **jusqu'à ce que** je revienne.*
  *Téléphone-lui **avant qu**'elle (ne) parte.*
  *Asseyez-vous **en attendant qu**'elle arrive.*

c) Expressions suivies de l'*infinitif*.
- « **avant de** », « **après** ».
  *Je dois faire mes valises **avant de partir**.*
  *Je sortirai **après avoir terminé** ce travail.*

EXERCICES

A. Complétez.
1. Nous sommes _____ 3 mars.
2. Il est parti _____ semaine dernière.
3. Il revient _____ mois d'août.
4. Qu'est-ce que tu fais _____ ce moment ?

B. Complétez avec *depuis* **ou** *il y a*.
1. Elle vit à l'étranger _____ deux ans.
2. Elle est passée ici _____ une heure.
3. Il parle _____ une heure.
4. _____ un an que je ne travaille plus.

C. Complétez avec *pendant* **ou** *jusqu'à*.
1. Il a travaillé _____ l'âge de 65 ans.
2. Elle a appelé _____ ton absence.
3. Il reste _____ demain.

D. Complétez avec *en* **ou** *dans*.
1. J'ai écrit ce livre _____ cinq mois.
2. La réunion commence _____ dix minutes.
3. Il reviendra _____ quelques années.
4. Il a fait l'aller-retour _____ une heure.

E. Complétez avec *pendant* **ou** *pour*.
1. Je vous ai attendu _____ deux heures.
2. Je reviens tout de suite, j'en ai _____ deux minutes.
3. Elle est restée au chômage _____ six mois.
4. Un incident s'est produit _____ la réunion.

F. Choisissez le verbe entre parenthèses.
1. Ça fait deux ans qu'elle *(habite, a habité)* ici.
2. Depuis qu'il *(change/a changé)* d'emploi, il va mieux.
3. Je lui ai expliqué jusqu'à ce qu'il *(comprendra/comprenne)*.
4. Dès que tu *(liras/auras lu)* ce livre, rends-le moi.

G. Complétez avec une expression de temps.
1. Il faut répondre _____ il ne soit trop tard.
2. Je t'écrirai _____ je serai arrivée.
3. _____ t'avoir écouté, il a changé d'avis.
4. _____ il est arrivé, il est au téléphone.
5. Je chercherai _____ je trouve la solution.
6. _____ ma voiture soit réparée, je prends le métro.

7 Le discours indirect

Quand on dit une phrase (discours direct) et quand on rapporte cette phrase (discours indirect), il faut faire des changements.

– Direct : *Pierre dit : « Je vais m'informer. »*
– Indirect : *Pierre dit qu'il va s'informer.*

1 Discours indirect simple

• On relie les phrases avec « **que** ».

« Je serai en Italie dans deux jours. »
– Que dit-elle ?
– *Elle dit qu'elle sera en Italie dans deux jours.*

2 Interrogation indirecte

• On relie les phrases avec « **si** ».

« Tu as terminé ton travail ? »
– Que demande-t-il à Carine ?
– *Il lui demande si elle a terminé son travail.*

• On relie les phrases avec « **où** », « **quand** », « **pourquoi** », « **comment** », etc.

Pierre téléphone à Carine : *« Comment s'est passé ton voyage ? Pourquoi ne m'écris-tu pas ? »*
Il lui demande comment s'est passé son voyage, pourquoi elle ne lui écrit pas.

• On relie les phrases avec « **ce que** », « **ce qui** ».

Qu'est-ce que tu fais ? Qu'est-ce qui t'intéresse ?
Il lui demande ce qu'elle fait, ce qui l'intéresse.

3 Ordre

• L'impératif devient « **de** » + *infinitif*.

« Envoie-moi un rapport. »
Il lui demande de lui envoyer un rapport.

4 Concordance des temps

1er verbe au passé	Discours direct	Discours indirect
Il a dit (:) ou *Il disait (:)*	**au présent** *Je ne sais pas.*	**à l'imparfait** *qu'il ne savait pas.*
	à l'imparfait *Je n'étais pas d'accord.*	• **à l'imparfait** *qu'il n'était pas d'accord.*
	au passé composé *On a acheté une voiture.*	• **au plus-que-parfait** *qu'ils avaient acheté une voiture.*
	au futur *Elle partira demain.*	• **au conditionnel présent** *qu'elle partirait demain.*

EXERCICES

A. Lucie parle à Pierre. Mettez les phrases suivantes au discours indirect. Commencez ainsi : « Elle lui demande de… ».
Ex. : « Soyez à l'heure ! » → *Elle lui demande d'être à l'heure.*

1. « Dépêchez-vous ! »
2. « Ne restez pas trop longtemps ! »
3. « Appelez-moi quand vous serez arrivé ! »
4. « Ne vous inquiétez pas ! »

B. L'un de vos collègues n'a pas assisté à la dernière réunion. Il vous demande ce qui s'est passé. Dites-lui ce que la présidente a dit. Commencez ainsi : « Elle a dit que… ».
Ex. : Elle a dit que le bénéfice avait progressé de 10 %, qu'il s'élevait cette année à…

> 1. Le bénéfice a progressé de 10 %. Il s'élève cette année à 10 millions d'euros. C'est bien, mais je suis sûre qu'on fera encore mieux l'année prochaine.

> 2. Nous ouvrirons en mars notre nouvelle usine. Pierre Pingouin la dirigera et 200 personnes seront embauchées.

> 3. Je ne veux pas me concentrer sur un faible nombre de produits. Je crois qu'il faut diversifier notre offre.

> 4. Jacqueline Leduc a été nommée directrice du marketing, en remplacement de M. Dupuis, qui a pris sa retraite.

8 Les pronoms relatifs

1 Les pronoms relatifs simples

• « **qui** » est sujet.

> *J'ai un collègue de travail **qui** parle bien français.*

• « **que** », « **qu'** » est complément d'objet.

> *Regarde la cravate **que** j'ai achetée.*

• « **dont** » remplace un complément précédé de la préposition « *de* » ; il peut être complément d'un verbe, d'un adjectif ou d'un nom.

> *Je te présente Amélie, **dont** je t'ai souvent parlé.*
> *C'est un travail **dont** il est très fier.*
> *C'est une entreprise **dont** les bénéfices augmentent chaque année.*

• « **où** » est complément de lieu ou de temps.

> *Le quartier **où** je travaille est très animé.*
> *Tu te rappelles le jour **où** nous nous sommes rencontrés ?*

• « **quoi** » est neutre ; il est toujours introduit par une préposition.

> *Voici par **quoi** on va commencer.*

• « **ce qui** », « **ce que** », « **ce dont** » (ce = cela).

> *Tu n'écoutes jamais **ce que** je dis.*

• Pour mettre l'accent sur un élément, on utilise :

– « **C'est… qui / que / dont** »

> ***C'est** sa bêtise **que** je ne supporte pas.*

– « **Ce qui / Ce que / Ce dont…, c'est…** »

> ***Ce que** j'aime, **c'est** sa gentillesse.*

– « **C'est… ce qui / ce que / ce dont** »

> ***C'est** tout **ce dont** j'ai besoin.*

2 Les pronoms relatifs composés

• « **lequel** », « **lesquels** », « **laquelle** », « **lesquelles** » sont utilisés après une préposition (*dans, en, sur, pour, avec*, etc.).

> *Comment s'appelle l'entreprise **pour laquelle** elle travaille ?*

• « **auquel** », « **auxquels** », « **à laquelle** », « **auxquels** » sont des pronoms relatifs contractés avec la préposition « *à* ».

> *C'est un projet **auquel** j'ai déjà pensé.*

• « **duquel** », « **desquels** », « **de laquelle** », « **desquels** » sont des pronoms relatifs contractés avec la préposition « *de* ».

> *La réunion **à la fin de laquelle** j'ai assisté a duré trois heures.*

♦ En général, quand le pronom remplace une ou plusieurs personnes, on utilise « **qui** ».

> *Les gens **avec qui** je travaille sont sympathiques.*
> *La personne **à qui** tu penses ne viendra pas.*
> *Tu connais cette femme **à côté de qui** Pierre est assis ?*

EXERCICES

A. Un client entre dans une librairie et s'adresse au vendeur. Complétez le début de la conversation avec *que, qui, quoi, dont, où*.

Client : Je voudrais un livre pour mon fils de 8 ans.
Vendeur : Prenez Barbarix, c'est un livre _qui_ plaît à tous les enfants et _que_ je recommande fortement.
Client : C'est un livre _dont_ j'ai entendu parler.
Vendeur : Ce n'est pas étonnant. C'est un livre génial _dont_ tout le monde parle en ce moment.
Client : C'est l'histoire de _quoi_ ?
Vendeur : C'est l'histoire d'un petit village _où_ vivent des Gaulois.

B. Reliez les phrases suivantes par le pronom qui convient.
*Ex. : C'est une entreprise. Je travaille pour cette entreprise. → **C'est une entreprise pour laquelle je travaille**.*

1. C'est un bon livre. Tu trouveras beaucoup d'informations dans ce livre.
2. Voici un plan du Salon. Les stands sont indiqués sur ce plan.
3. Ce sont des détails. Tu dois faire attention à ces détails.
4. C'est une personne compétente. Tu peux avoir confiance en elle.
5. Je vous présenterai ce monsieur. Je travaille avec lui.

C. Complétez les phrases suivantes.
1. J'ai enfin trouvé un travail qui…
2. Le contrat que…
3. Le bureau où… donne sur un jardin.
4. Il a été licencié. C'est la raison pour laquelle…
5. L'ordinateur avec lequel…
6. Je ne comprends pas ce dont…

9 Le subjonctif

1 Utilisation

• Le subjonctif est généralement introduit par la conjonction « *que* ».

• L'indicatif exprime la réalité de façon objective. Le subjonctif exprime une attitude subjective.

> *Il **fait** beau aujourd'hui* (indicatif).
> *Je suis content qu'il **fasse** beau* (subjonctif).

2 Formation

• Pour les verbes réguliers, le subjonctif est formé sur le radical de la troisième personne du pluriel du présent de l'indicatif.

> Finir ➔ ⟨ ils finiss ⟩ent ➔ Il faut qu(e) je finisse / tu finisses / il finisse / nous finissions / vous finissiez / ils finissent.

• Pour les verbes irréguliers, voir le tableau des conjugaisons.

• On utilise le subjonctif passé pour exprimer une action terminée.

> *Je suis content que tu **aies fini** ton travail.*

3 Après une construction impersonnelle avec « que », on utilise presque toujours le subjonctif.

« **Il faut qu(e)** » est la forme la plus fréquente.

> ***Il faut qu'il fasse** attention.*

Quelques exceptions : Il paraît / il est certain / clair / entendu / évident / exact que + *indicatif*.

4 Le subjonctif est utilisé après un verbe exprimant une attitude particulière du sujet :

sentiment, volonté, doute, regret, appréciation, opinion, etc. : « **Je crains que** », « **Je veux que** », « **Je ne veux pas que** », « **Je doute que** », « **Je regrette que** », « **Je trouve intéressant que** », etc.

⚠ « Je crois que », « Je pense que », « Je suis sûr que », « J'espère que » + *indicatif*. MAIS : « **Je ne crois pas que** », « **Je ne pense pas que** » + « **Je ne suis pas sûr que** » + *indicatif* ou *subjonctif*.

• Certains verbes sont suivis de l'indicatif ou du subjonctif : *comprendre, admettre, expliquer*, etc.

5 On emploie le subjonctif après certaines conjonctions.

• Le temps : « **avant que** », « **jusqu'à ce que** », « **en attendant que** ».

• Le but : « **pour que** », « **afin que** », « **de façon que** », « **de peur que** », « **de crainte que** ».

• La condition, l'hypothèse : « **à condition que** », « **pourvu que** », « **en admettant que** », « **à moins que** ».

• L'opposition, la concession : « **bien que** », « **quoique** », « **encore que** », « **à moins que** », « **sans que** ».

6 On emploie le subjonctif OU l'indicatif dans certaines constructions relatives.

> *Je ne connais personne qui **sache** faire ce travail.*
> *C'est l'hôtel le moins cher que je **connaisse**.*
> *Pour ce poste, il cherche quelqu'un qui **ait** de l'expérience.*

EXERCICES

A. Dans l'offre d'emploi suivante, mettez les verbes entre parenthèses au subjonctif présent.

> NOUS SOMMES UN IMPORTANT
> GROUPE DE PRESSE
> ET NOUS RECRUTONS DES
>
> ### COMMERCIAUX
>
> **Êtes-vous le vendeur ou la vendeuse que nous recherchons ?**
>
> Il faut que vous :
> – *(être)* _____ disponible,
> – *(pouvoir)* _____ voyager,
> – *(savoir)* _____ conduire,
> – *(connaître)* _____ l'anglais,
> – *(aimer)* _____ les responsabilités,
> – *(avoir)* _____ de l'ambition,
> beaucoup d'ambition.
> Vous ne croyez pas que la vie *(être)* _____
> faite pour les paresseux et qu'on *(devenir)* _____
> _____ riche en dormant.
> Nous voulons que
> vous *(réussir)* _____ avec nous.
> Appelez-nous au 01 45 87 99 15.

B. Indicatif présent ou subjonctif présent ?

1. Il pense qu'elle *(avoir)* _____ tort.
2. Il est temps qu'on *(partir)* _____.
3. Je suis sûr qu'il *(être)* _____ compétent.
4. Il vaut mieux que tu *(venir)* _____.
5. Je sais bien que tu *(dire)* _____ la vérité.
6. Je doute qu'il *(comprendre)* _____.
7. Il aimerait que tu *(faire)* _____ ce travail.

C. Complétez.

1. _____ qu'il aille à la réunion demain.
2. _____ qu'on recevra des nouvelles.
3. _____ que ça te plaise.
4. _____ que vous ne soyez pas venus.

D. Complétez.

1. Je reste ici jusqu'à ce que…
2. Dépêche-toi pour que…
3. Je voudrais la voir avant que..
4. Il fume au bureau bien que…
5. Je te le prête à condition que…

10 L'expression de la comparaison, de la condition, de l'hypothèse

1 La comparaison

a) L'égalité, l'infériorité, la supériorité.
- « **aussi** », « **moins** », « **plus** » + adjectif ou adverbe + « **que** ».
  *Pierre est **aussi** compétent **que** Paul.*
- « **autant de** », « **moins de** », « **plus de** » + nom + « **que** ».
  *On a **autant de** problèmes **qu'**avant.*
- verbe + « **autant que** », « **moins que** », « **plus que** ».
  *Elle travaille **autant que** nous.*

b) Les superlatifs.
- « **le / la / les plus / moins** » + adjectif ou adverbe (+ « de »).
- « **le plus de / le moins de** » + nom.
- verbe + « **le moins / le plus** ».
  *C'est elle qui a **le plus de** pouvoir.*

♦ « **meilleur** » est le comparatif de supériorité de « bon »,
« **mieux** » est le comparatif de supériorité de « bien ».

c) « **plus… plus** », « **moins… moins** », « **autant… autant** »
  ***Plus** je le connais, **plus** je l'aime.*

2 La condition, l'hypothèse

a) Les phrases (les plus courantes) avec « si ».
- « **Si** » + *présent* → futur dans la principale.
  *Si je **peux**, je **viendrai** avec vous.*
- « **Si** » + *imparfait* → conditionnel présent.
  *Si je **pouvais**, je **viendrais** avec vous.*
- « **Si** » + *plus-que-parfait* → conditionnel passé.
  *Si j'**avais pu**, je **serais venu** avec vous.*

b) Conjonctions + *subjonctif.*
- « **à condition que** », « **pourvu que** », « **en admettant que** »,
« **à moins que (+ ne)** ».
  *Il est heureux **pourvu qu'**elle soit près de lui.*

c) Conjonctions + *conditionnel.*
- « **au cas où** », « **dans le cas où** », « **pour le cas où** », « **dans l'hypothèse où** ».
  *Appelle-moi **au cas où** tu aurais un problème.*

d) Prépositions + *infinitif.*
- « **à condition de** », « **à moins de** ».
  *Je viendrai avec vous, **à moins d'**avoir trop de travail (sauf si j'ai trop de travail).*

e) Gérondif (en + participe présent).
  ***En travaillant**, tu réussiras.*

11 L'expression de la cause, de la conséquence

1 La cause

a) Conjonctions.

• « **parce que** » + *indicatif* est la conjonction la plus courante.

• « **puisque** » + *indicatif* introduit une cause présentée comme évidente.

> *Tu peux venir **puisque** tu es invité.*

• « **comme** » + *indicatif* se place en tête de phrase et met l'accent sur la cause.

> ***Comme** elle était en retard, nous avons dû l'attendre.*

• « **car** » est employé à l'écrit et n'est jamais en tête de phrase.

• « **sous prétexte que** » + *indicatif* introduit une cause contestée (le locuteur n'y croit pas).

• « **en effet** » explique ce qui vient d'être dit.

b) Prépositions.

• « **à cause de** » introduit, selon le contexte, une cause à effet neutre ou défavorable; « **grâce à** » introduit une cause à effet favorable; « **en raison de** », surtout employé à l'écrit, introduit une cause à effet neutre.

• « **à force de** » insiste sur la cause avec une idée de continuité.

> *Il a réussi **à force de** travail.*

• « **faute de** » indique une cause manquante.

> *Ils n'ont pas pu acheter cette maison, **faute d'**argent.*

2 La conséquence

a) Conjonctions.

• « **si bien que** », « **de sorte que** » + *indicatif*.

• « **tellement… que** », « **si… que** ».

> *Il est **tellement** malin **qu'**il s'en sort toujours.*

• « **tellement que…** », « **tant que…** ».

> *Il travaille **tellement qu'**il est toujours fatigué.*

• « **tellement de** », « **tant de** », « **un(e) tel (le)/de tel (le)s** » + nom + **que**.

> *Il y a **tant de** bruit ici **que** je préfère sortir.*

b) Expressions de coordination.

• « **donc** » est plutôt placé en tête de phrase à l'oral et dans la phrase à l'écrit; « **alors** » est surtout utilisé à l'oral et se place en tête de phrase.

• « **c'est pourquoi** », « **c'est pour cela que** », « **c'est pour ça que** », « **c'est la raison pour laquelle** » introduisent le résultat d'une argumentation.

• « **par conséquent** », « **en conséquence** » sont surtout utilisés dans la correspondance commerciale ou administrative.

• « **aussi** » (action) et « **ainsi** » (manière), utilisés le plus souvent avec l'inversion verbe - sujet, introduisent le résultat d'un comportement.

E X E R C I C E S

A. Complétez ces extraits de lettres avec *en effet* ou *en conséquence*.

Je ne pourrai pas assister à la réunion du 3 mars. _____, je serai en déplacement à l'étranger. _____, Mme Cuisinier me remplacera.

D'après vos conditions générales de vente, les délais de livraison sont d'une semaine. Or, je n'ai toujours pas reçu les articles. _____, je vous demande de les livrer immédiatement.

Nous ne pouvons pas donner une suite favorable à votre demande de stage. _____, nous ne disposons pas du personnel suffisant pour accueillir un stagiaire.

B. Une réunion va commencer. Complétez avec *alors, comme, parce que, puisque*.

Président : Je vous propose d'attendre cinq minutes _____ Paulette n'est pas encore arrivée.

Paulette : Si, si, je suis là !

Président : Ah ! Très bien ! Je ne vous avais pas vue. _____, on peut commencer.

Paulette : Mais _____ Jacques n'est pas encore là, il serait mieux d'attendre un peu.

Jacques : Si, si, moi aussi, je suis là !

Président : Très bien ! _____ tout le monde est là, on peut commencer.

C. Complétez les phrases suivantes.
1. Grâce à son travail acharné, _____
2. Il est comptable, c'est pourquoi _____
3. Il est arrivé en retard sous prétexte que _____
4. Il y avait tellement de monde que _____
5. Il y avait une grève si bien que _____

12 L'expression du but, de l'opposition, de la concession

1 Le but

a) Conjonctions.
• « **pour que** » + *subjonctif*, « **afin que** » + s*ubjonctif*, « **de peur que** » + *subjonctif*, « **dans l'espoir que** » + *indicatif*.

b) Prépositions.
• « **pour** » + nom ou *infinitif*, « **de peur de** » + nom ou *infinitif*.

• « **pour ne pas** » + *infinitif*, « **de peur de ne pas** » + *infinitif*.

• « **dans le but de** » + *infinitif*, « **dans / avec l'intention de** » + *infinitif*, « **avec l'idée de** » + *infinitif*, « **dans l'espoir de** » + *infinitif*.

2 L'opposition

a) Conjonctions.
• « **alors que** » + *indicatif*, « **tandis que** » + *indicatif*, « **pendant que** » + *indicatif* sont les conjonctions les plus courantes.

b) Prépositions.
• « **contrairement à** » + nom ou pronom ; « (tout) **à l'opposé de** » + nom ou pronom ; « **au lieu de** » + nom ou pronom ou infinitif sont des prépositions courantes.

c) Adverbes.
• « **au contraire** », « **à l'opposé** », « **en revanche** » (langue soutenue), « **par contre** » sont les adverbes les plus courants.

3 La concession

a) Conjonctions.
• « **bien que** » + *subjonctif*, « **quoique** » + *subjonctif*, « **encore que** » + *subjonctif* ; « **à moins que** » + *subjonctif* (= sauf si)
  Je n'irai pas, à moins qu'elle (n')insiste.
• « **même si** » + *indicatif* exprime une idée d'hypothèse.

b) Prépositions.
• « **malgré** » + nom ou pronom.
• « **sans** » + nom ou pronom ou infinitif.

c) Adverbes.
• « **pourtant** », « **quand même** » sont les plus courants ; « **cependant** », « **néanmoins** », « **toutefois** » sont plus soutenus.
  *Il est malade, mais il travaille **quand même**.*

d) Coordonnants.
• « **mais** », « **or** ».
  *Il dit qu'il est innocent ; **or** tout est contre lui.*

e) Autres expressions.
• « **(il) n'empêche que** » + *indicatif*, « **avoir beau** » + *infinitif*.
  *Elle **a beau** travailler, **il n'empêche qu'**elle n'y arrive pas.*

---

13 Tableaux des conjugaisons

	Infinitif	Présent	Subjonctif présent	Futur
AUXILIAIRES	**Être** *Part. passé* été *Part. présent* étant	je suis tu es il est nous sommes vous êtes ils sont	que je sois que tu sois qu'il soit que nous soyons que vous soyez qu'ils soient	je serai tu seras il sera nous serons vous serez ils seront
	Avoir *Part. passé* eu *Part. présent* ayant	j'ai tu as il a nous avons vous avez ils ont	que j'aie que tu aies qu'il ait que nous ayons que vous ayez qu'ils aient	j'aurai tu auras il aura nous aurons vous aurez ils auront
VERBES RÉGULIERS	**Parler** *Part. passé* parlé *Part. présent* parlant	je parle tu parles il parle nous parlons vous parlez ils parlent	que je parle que tu parles qu'il parle que nous parlions que vous parliez qu'ils parlent	je parlerai tu parleras il parlera nous parlerons vous parlerez ils parleront
	Finir *Part. passé* fini *Part. présent* finissant	je finis tu finis il finit nous finissons vous finissez ils finissent	que je finisse que tu finisses qu'il finisse que nous finissions que vous finissiez qu'ils finissent	je finirai tu finiras il finira nous finirons vous finirez ils finiront
VERBES TRÈS IRRÉGULIERS	**Aller** *Part. passé* allé *Part. présent* allant	je vais tu vas il va nous allons vous allez ils vont	que j'aille que tu ailles qu'il aille que nous allions que vous alliez qu'ils aillent	j'irai tu iras il ira nous irons vous irez ils iront
	Faire *Part. passé* fait *Part. présent* faisant	je fais tu fais il fait nous faisons vous faites ils font	que je fasse que tu fasses qu'il fasse que nous fassions que vous fassiez qu'ils fassent	je ferai tu feras il fera nous ferons vous ferez ils feront
	Pouvoir *Part. passé* pu *Part. présent* pouvant	je peux tu peux il peut nous pouvons vous pouvez ils peuvent	que je puisse que tu puisses qu'il puisse que nous puissions que vous puissiez qu'ils puissent	je pourrai tu pourras il pourra nous pourrons vous pourrez ils pourront
	Savoir *Part. passé* su *Part. présent* sachant	je sais tu sais il sait nous savons vous savez ils savent	que je sache que tu saches qu'il sache que nous sachions que vous sachiez qu'ils sachent	je saurai tu sauras il saura nous saurons vous saurez ils sauront
	Venir *Part. passé* venu *Part. présent* venant	je viens tu viens il vient nous venons vous venez ils viennent	que je vienne que tu viennes qu'il vienne que nous venions que vous veniez qu'ils viennent	je viendrai tu viendras il viendra nous viendrons vous viendrez ils viendront
	Vouloir *Part. passé* voulu *Part. présent* voulant	je veux tu veux il veut nous voulons vous voulez ils veulent	que je veuille que tu veuilles qu'il veuille que nous voulions que vous vouliez qu'ils veuillent	je voudrai tu voudras il voudra nous voudrons vous voudrez ils voudront

EXERCICES

Rémy Beck travaille au service marketing d'une grande entreprise. Il parle de ses supérieurs hiérarchiques. Lisez ce qu'il déclare. Mettez ses déclarations au présent.

Monsieur Tournier attachait beaucoup d'importance au travail d'équipe. Il réussissait bien à nous motiver et je lui faisais confiance. Le problème, c'est qu'il ne savait pas déléguer, il voulait tout expliquer, tout savoir, il ne nous laissait aucune indépendance. Au lieu d'aller droit au but et d'être direct, il passait beaucoup de temps à convaincre. Généralement, d'ailleurs, il y parvenait. Mais quelle perte de temps ! Avec lui, finalement, nous n'étions pas très efficaces.

Mme Le Bihau expliquait dans le détail ce qu'elle voulait. Le problème, c'est qu'elle nous faisait toujours travailler sur ses propres idées, et jamais sur les nôtres. Elle nous demandait rarement notre avis. On ne pouvait jamais prendre d'initiative. Elle croyait qu'elle était la plus compétente, et qu'elle savait tout, dans tous les domaines. Je ne suis jamais parvenu à la faire changer d'avis. Elle était incroyablement têtue.

Madame Salomon ? Elle avait toutes les qualités. C'était quelqu'un qui réfléchissait beaucoup et qui ne prenait jamais de décision à la légère. Elle savait nous écouter. Elle menait les réunions avec beaucoup de savoir-faire. Elle intervenait toujours quand il le fallait. Elle résolvait les conflits avec tact et faisait attention de ne blesser personne. Elle définissait clairement les objectifs et nous remerciait toujours pour le travail qu'on fournissait. Elle ne se plaignait jamais. Parfois, elle se trompait, mais alors, elle reconnaissait ses erreurs. Bref, elle était parfaite.

Infinitif	Présent	Subjonctif présent	Futur
Acquérir *Part. passé* acquis	j'acquiers nous acquérons ils acquièrent	que j'acquière que nous acquérions qu'ils acquièrent	j'acquerrai nous acquerrons ils acquerront
Appeler *Part. passé* appelé	j'appelle nous appelons ils appellent	que j'appelle que nous appelions qu'ils appellent	j'appellerai nous appellerons ils appelleront
S'asseoir *Part. passé* assis	je m'assieds nous nous asseyons ils s'asseyent	que je m'asseye que nous nous asseyions qu'ils s'asseyent	je m'assiérai nous nous assiérons ils s'assiéront
Attendre *Part. passé* attendu	j'attends nous attendons ils attendent	que j'attende que nous attendions qu'ils attendent	j'attendrai nous attendrons ils attendront
Battre *Part. passé* battu	je bats nous battons ils battent	que je batte que nous battions qu'ils battent	je battrai nous battrons ils battront
Boire *Part. passé* bu	je bois nous buvons ils boivent	que je boive que nous buvions qu'ils boivent	je boirai nous boirons ils boiront
Conclure *Part. passé* conclu	je conclus nous concluons ils concluent	que je conclue que nous concluions qu'ils concluent	je conclurai nous conclurons ils concluront
Conduire *Part. passé* conduit	je conduis nous conduisons ils conduisent	que je conduise que nous conduisions qu'ils conduisent	je conduirai nous conduirons ils conduiront
Connaître *Part. passé* connu	je connais nous connaissons ils connaissent	que je connaisse que nous connaissions qu'ils connaissent	je connaîtrai nous connaîtrons ils connaîtront
Craindre *Part. passé* craint	je crains nous craignons il craignent	que je craigne que nous craignions qu'ils craignent	je craindrai nous craindrons ils craindront
Croire *Part. passé* cru	je crois nous croyons ils croient	que je croie que nous croyions qu'ils croient	je croirai nous croirons ils croiront
Devoir *Part. passé* dû	je dois nous devons ils doivent	que je doive que nous devions qu'ils doivent	je devrai nous devrons ils devront
Dire *Part. passé* dit	je dis nous disons ils disent	que je dise que nous disions qu'ils disent	je dirai nous dirons ils diront
Dormir *Part. passé* dormi	je dors nous dormons ils dorment	que je dorme que nous dormions qu'ils dorment	je dormirai nous dormirons ils dormiront
Écrire *Part. passé* écrit	j'écris nous écrivons ils écrivent	que j'écrive que nous écrivions qu'ils écrivent	j'écrirai nous écrirons ils écriront
Envoyer *Part. passé* envoyé	j'envoie nous envoyons ils envoient	que j'envoie que nous envoyions qu'ils envoient	j'enverrai nous enverrons ils enverront
Falloir *Part. passé* fallu	il faut	qu'il faille	il faudra
Interdire *Part. passé* interdit	j'interdis nous interdisons ils interdisent	que j'interdise que nous interdisions qu'ils interdisent	j'interdirai nous interdirons ils interdiront
Jeter *Part. passé* jeté	je jette nous jetons ils jettent	que je jette que nous jetions qu'ils jettent	je jetterai nous jetterons ils jetteront

EXERCICES

A. Mettez le verbe entre parenthèses au plus-que-parfait. Attention à l'accord du participe passé !

1. Elle m'a dit qu'elle ne (prendre jamais) _____ l'avion.

2. Nous avons finalement reçu la marchandise que nous (commander) _____ il y a deux mois.

3. Mme Lechef a été nommée P-DG, comme nous le (prévoir) _____.

4. Elle était déprimée depuis qu'elle (perdre) _____ son travail.

5. Si elle (venir) _____ à la réunion, elle aurait rencontré le nouveau directeur.

6. Il nous a appris que son entreprise (s'implanter) _____ au Japon.

B. Voici des phrases prononcées au cours de différentes conversations concernant les affaires ou le travail. Imaginez la réplique qui précède chacune de ces phrases.

Ex. : 1. La Bourse a chuté de 30 %.

1. Je vous l'avais bien dit.

2. Ça commence à quelle heure ?

3. Excusez-moi, j'ai complètement oublié.

4. Et après, qu'est-ce qui s'est passé ?

5. Qu'est-ce qu'elle a répondu ?

6. C'est entendu !

7. Vous pouvez me donner un exemple ?

Infinitif	Présent	Subjonctif	Futur
Lire *Part. passé* lu	je lis nous lisons ils lisent	que je lise que nous lisions qu'ils lisent	je lirai nous lirons ils liront
Mettre *Part. passé* mis	je mets nous mettons ils mettent	que je mette que nous mettions qu'ils mettent	je mettrai nous mettrons ils mettront
Mourir *Part. passé* mort	je meurs nous mourons ils meurent	que je meure que nous mourions qu'ils meurent	je mourrai nous mourrons ils mourront
Naître *Part. passé* né	je nais nous naissons ils naissent	que je naisse que nous naissions qu'ils naissent	je naîtrai nous naîtrons ils naîtront
Offrir *Part. passé* offert	j'offre nous offrons ils offrent	que j'offre que nous offrions que vous offriez	j'offrirai nous offrirons ils offriront
Partir *Part. passé* parti	je pars nous partons ils partent	que je parte que nous partions que vous partiez	je partirai nous partirons ils partiront
Perdre *Part. passé* perdu	je perds nous perdons ils perdent	que je perde que nous perdions qu'ils perdent	je perdrai nous perdrons ils perdront
Plaire *Part. passé* plu	je plais nous plaisons ils plaisent	que je plaise que nous plaisions qu'ils plaisent	je plairai nous plairons ils plairont
Pleuvoir *Part. passé* plu	il pleut	qu'il pleuve	il pleuvra
Prendre *Part. passé* pris	il prend nous prenons ils prennent	que je prenne que nous prenions qu'ils prennent	je prendrai nous prendrons ils prendront
Recevoir *Part. passé* reçu	je reçois nous recevons ils reçoivent	que je reçoive que nous recevions qu'ils reçoivent	je recevrai nous recevrons ils recevront
Rendre *Part. passé* rendu	je rends nous rendons ils rendent	que je rende que nous rendions qu'ils rendent	je rendrai nous rendrons ils rendront
Répondre *Part. passé* répondu	je réponds nous répondons ils répondent	que je réponde que nous répondions qu'ils répondent	je répondrai nous répondrons ils répondront
Rire *Part. passé* ri	je ris nous rions ils rient	que je rie que nous riions qu'ils rient	je rirai nous rirons ils riront
Servir *Part. passé* servi	je sers nous servons ils servent	que je serve que nous servions qu'ils servent	je servirai nous servirons ils serviront
Sortir *Part. passé* sorti	je sors nous sortons ils sortent	que je sorte que nous sortions qu'ils sortent	je sortirai nous sortirons ils sortiront
Suivre *Part. passé* suivi	je suis nous suivons ils suivent	que je suive que nous suivions qu'ils suivent	je suivrai nous suivrons ils suivront
Tenir *Part. passé* tenu	je tiens nous tenons ils tiennent	que je tienne que nous tenions qu'ils tiennent	je tiendrai nous tiendrons ils tiendront
Vendre *Part. passé* vendu	je vends nous vendons ils vendent	que je vende que nous vendions qu'ils vendent	je vendrai nous vendrons ils vendront
Vivre *Part. passé* vécu	je vis nous vivons ils vivent	que je vive que nous vivions qu'ils vivent	je vivrai nous vivrons ils vivront
Voir *Part. passé* vu	je vois nous voyons ils voient	que je voie que nous voyions qu'ils voient	je verrai nous verrons ils verront

VERBES IRRÉGULIERS ET EXCEPTIONS

E X E R C I C E S

A. Roger reçoit des instructions de sa patronne. Mettez les verbes entre parenthèses au futur.

1. Roger, quand vous (sortir) _____ cet après-midi pour poster le courrier, vous ne (faire) _____ pas de halte au café.

2. Quand vous (revenir) _____ de la poste, vous (acheter) _____ une cartouche d'encre pour l'imprimante. Vous n'(oublier) _____ pas de demander la facture.

3. Vous (aller) _____ aussi chez le médecin parce que vous toussez sans arrêt.

4. Je (devoir) _____ partir en fin de matinée et je (être) _____ de retour vers 17 heures.

B. Mettez le verbe au gérondif comme dans l'exemple.
Ex. : Je travaille et j'écoute de la musique.
→ *Je travaille **en écoutant** de la musique.*

1. Tu prends des risques si tu t'assieds sur cette vieille chaise.
2. Elle décide de tout et croit tout savoir.
3. Ils discutent et ils boivent un verre.
4. J'ai voulu négocier et je savais que c'était inutile.
5. Il parle et se plaint tout le temps.

C. Complétez ces slogans publicitaires avec les verbes suivants conjugués à l'impératif : *s'assurer, faire, prendre, réussir*.

1. _____ vos examens grâce à la méthode Memorex !

2. _____ Paris-Lyon en deux heures avec le train à grande vitesse ou TGV.

3. _____ auprès de la Mutuelle Paderix !

4. _____ des vacances de rêve avec le Club du Soleil !

Les expressions
de la correspondance professionnelle

1 **Je m'adresse à mon correspondant en lui donnant le « titre de civilité » qui lui convient.**

Si j'écris à…	Je commence par…
– une organisation (entreprise, administration, etc.)	« **Messieurs,** » ou « **Madame, Monsieur,** »
– une personne en particulier	« **Madame,** » ou « **Monsieur,** »
– un responsable désigné par sa fonction	« **Monsieur le…** (titre), »

2 **Je commence souvent par me référer à quelque chose :**
lettre, mail, annonce, entretien, offre, etc.

• **J'ai bien reçu** • **Je me réfère à** • **Je fais suite à** • **Je vous remercie de**	votre lettre du 3 mars	**concernant…** + nom **par laquelle** vous… + verbe **m'informant que…** + verbe **me demandant de** + verbe
Votre lettre du 3 mars **a retenu toute mon attention**		

Souvent aussi je commence simplement par raconter les événements à l'origine de ma lettre.

Ex. : « *Le 3 mars, j'ai acheté...* »

3 **Je dis que j'informe**

Je vous informe que notre restaurant ouvrira…
Je vous précise / rappelle que…
J'ai le plaisir / le regret de vous informer que …

4 **Je confirme**

Je vous confirme que…
Conformément à notre accord, nous vous livrerons…
Comme convenu, je vous réglerai par chèque…

5 **Je formule ma demande**

Je vous prie de / demande de (bien vouloir) m'indiquer…
Je vous serais reconnaissant(e) de m'accorder un délai…
Pourriez-vous m'envoyer... ?

6 **J'annonce un envoi**

• **Vous trouverez** • **Je vous adresse / envoie / fais parvenir**	**ci-joint sous ce pli sous pli séparé**	la facture n°…

7 **Je manifeste de l'intérêt, je dis mon intention**

Je m'intéresse à / Je suis intéressé(e) par votre proposition…
Votre offre m'intéresse (vivement) et…
J'ai l'intention de / Je souhaiterais vous commander…

---

8 J'exprime l'obligation

Je suis obligé(e) / contraint(e) / dans l'obligation de reporter…

9 Je dis qu'il m'est possible / impossible de…

Je (ne) peux (pas) vous donner satisfaction.
Je suis (malheureusement) dans l'impossibilité de
Je (ne) suis (pas) en mesure de vous accorder cette réduction…

10 J'accepte

Je suis heureux(euse) de (pouvoir) accepter…
Je suis disposé(e) à / prêt(e) à vous offrir…

11 Je termine avec une formule de conclusion…

Conclure, c'est généralement :	Exemples
Attendre	• Je reste dans l'attente de votre réponse. • Dans l'attente de votre réponse,*…
Espérer	• J'espère que cette solution vous donnera satisfaction. • Dans l'espoir que cette solution vous conviendra,*…
Remercier	• Je vous en remercie par avance. • En vous remerciant (par avance),*… • Avec mes remerciements (anticipés),*… • Merci par avance.
Regretter	• Je regrette de ne pas pouvoir vous donner satisfaction. • Avec le regret de / En regrettant de ne pas pouvoir vous répondre favorablement,*…
S'excuser	• Je vous prie d'excuser cet incident / ce contretemps.
Rester à disposition	• Je reste à votre disposition pour tout renseignement complémentaire.

* Si la conclusion se termine par une virgule, elle doit être suivie dans la même phrase d'une formule de salutation. *Ex. : Dans l'attente de votre réponse, je vous prie de recevoir, Monsieur, mes meilleures salutations.*

12 … suivie d'une formule de salutation.

Je vous prie de (d') Veuillez	agréer, recevoir			respectueux(ses) dévoué(es) les meilleur(es) distingué(es)**
	Agréez, Recevez,	M…,*	mes sentiments mes salutations	
			Cordialement Bien cordialement Très cordialement Amicalement	

* Il faut reprendre le titre de civilité.
**On envoie ses salutations *distinguées* à un fournisseur, *dévouées* à un client, *respectueuses* à un supérieur, et, quand on veut montrer qu'on est fâché, on envoie seulement ses salutations (« Recevez, …, mes salutations. »)

C. Complétez les mentions manquantes.

Messieurs,

Nous vous _____ de votre lettre du 3 mars, et avons le _____ de vous envoyer ci-joint notre liste de prix.

Nous _____ à votre disposition pour tout _____ complémentaire.

Veuillez recevoir, _____, nos salutations les _____

De : Victor
A : Pauline
Objet : visite à Paris

Bonjour,
J'ai _____ de me rendre en France fin mars.
_____ me dire si vous serez à Paris à cette date ?
Je serais _____ de vous revoir.
Bien à vous,
Victor

Madame,

Nous avons le _____ de vous _____ que nous ne malheureusement pas donner une suite favorable à votre demande…
[…]
Nous _____ que vous comprendrez les raisons de cette décision.

Nous vous _____ d'agréer, _____, nos salutations distinguées.

Objet : Demande d'informations.

Messieurs,

Je vous serais _____ de m'indiquer vos délais de livraison pour…
[…]
Je vous en _____ par _____.
Meilleures _____

Annie Marchand

Les expressions
de la communication téléphonique

J'appelle

1 Je salue, je me présente.

> *Bonjour, monsieur.*
> *(C'est) Cécile Labat à l'appareil.*
> *Ici Cécile Labat, de l'agence Bontour.*

2 Je vérifie l'identité de mon correspondant.

> *Monsieur Tissot?/ Vous êtes bien M. Tissot?*
> *Je suis bien dans l'entreprise Meyer/chez Meyer?*
> *C'est toi, Thomas?*

3 Je dis à qui je veux parler.

> *Je souhaiterais parler à M. Tissot, s'il vous plaît.*
> *Je voudrais parler à la personne qui s'occupe de…*
> *Puis-je / Pourrais-je parler à M. Tissot, s'il vous plaît?*
> *Pouvez-vous / Pourriez-vous me passer M. Tissot?*
> *(Est-ce que) Thomas est là?*

4 Mon correspondant est absent ou indisponible.

> *Je rappellerai plus tard.*
> *Est-ce que je peux laisser un message?*
> *Pouvez-vous me dire quand je peux le joindre?*
> *Pouvez-vous lui demander de me rappeler?*
> *Pouvez-vous lui dire que Cécile Labat a appelé?*

5 Je dis le motif de mon appel.

> *Je vous appelle au sujet de… / C'est au sujet de…*
> *Je vous téléphone parce que… / C'est personnel.*
> *J'aurais besoin d'une information (concernant…).*

Je réponds

1 Je confirme mon identité.

> *Oui, c'est bien moi / c'est lui-même.*

2 Je demande l'identité de mon correspondant.

> *C'est de la part de qui? / Qui dois-je annoncer?*

3 Je demande le motif de l'appel.

> *C'est à quel sujet?*
> *Que puis-je faire pour vous?*
> *En quoi puis-je vous être utile?*
> *Est-ce que je peux vous renseigner?*

EXERCICES

A. Choisissez la bonne réponse.

1. Puis-je parler à monsieur Le Roy ?
☐ Il a vos coordonnées ?
☐ Qui dois-je annoncer ?
☐ C'est elle-même.

2. Pouvez-vous me passer le service après-vente ?
☐ Tout à fait, je vous écoute.
☐ Je vais voir s'il est là.
☐ Un instant, je vous prie.

3. Je suis bien chez Téléfix ?
☐ Je crois que vous faites erreur.
☐ Je regrette, son poste est occupé.
☐ Elle vous rappelle tout de suite.

4. La ligne est occupée. Voulez-vous patienter ?
☐ Ce sera long ?
☐ Oui, je la rappellerai.
☐ Non, je préfère attendre.

5. J'ai quelqu'un dans mon bureau. Vous pouvez rappeler dans 20 minutes ?
☐ D'accord, c'est noté.
☐ Entendu, je rappelle.
☐ Au revoir, monsieur.

B. Mettez les répliques dans l'ordre.

☐ Elle est en réunion pour le moment. C'est à quel sujet ?
☐ Essayez dans une heure.
☐ Bonjour, c'est Caroline Tournier à l'appareil, pourrais-je parler à madame Hoffmann ?
☐ Très bien, je rappellerai un peu plus tard, merci.
☐ C'est personnel. Savez-vous à quelle heure je peux la rappeler ?

C. Complétez les mentions manquantes.

– Je ne _____ pas _____ 01 45 22 28 ?
– Non, ici, c'est _____ 22 29.
– Nous avons été _____.
– C'est ma faute, j'ai _____ par erreur.
– Ce n'est pas grave. Où en étions-nous ?

4 Je dois passer un correspondant.

Ne quittez pas, je vous le (la) passe (tout de suite).
Je vous mets en ligne / Un instant, je vous prie.
Je vais voir s'il est là.

5 Le correspondant est absent ou indisponible.

Le poste est occupé, voulez-vous patienter ?
Je regrette, M. Tissot est en réunion / en déplacement / absent /
en ligne pour le moment.
Son poste ne répond pas.
Il sera là / de retour en fin de matinée.
Voulez-vous lui laisser un message ?
Vous pouvez le joindre sur son portable.
Pouvez-vous rappeler un peu plus tard ?
D'accord, c'est noté. Est-ce qu'il a votre numéro ?

Je rencontre quelques complications

La ligne est mauvaise. Je ne vous entends pas très bien / j'ai du
mal à vous entendre. Pourriez-vous parler un peu plus fort /
répéter plus lentement, s'il vous plaît ?

Allô ! Je ne sais pas ce qui est arrivé.
La communication a été coupée / Nous avons été coupés.
J'ai raccroché par erreur.
J'ai appuyé sur la mauvaise touche.

Pourriez-vous épeler votre nom, s'il vous plaît ?
G comme Georges ou J comme Jacques ?
Je crois que vous avez fait le mauvais numéro.
Je crois que vous faites erreur.
Je suis navré, il n'y a personne de ce nom ici.
Je ne connais pas (de) monsieur Tissot.

Je ne suis pas au 04 66 01 34 ?
Excusez-moi, je me suis trompé de numéro.
J'ai dû faire une erreur.

Je mets fin à la conversation

Vous pouvez compter sur moi.
Je lui transmettrai votre message.
Je n'y manquerai pas.
Au revoir.

EXERCICES

D. Complétez les mentions manquantes.
– Assurances Primevert, bonjour.
– Bonjour, monsieur. Je souhaiterais _____ madame Hoffmann.
– C'est _____ ?
– Mathieu Gaillard, _____ la société Ixtel.
– Ne _____ pas, monsieur, je vous mets _____.

– Je _____, monsieur Gaillard, mais son _____ est occupé. Voulez-vous _____ ?
– Pouvez-vous lui _____ de me _____ ?
– Certainement, monsieur Gaillard. Est-ce qu'elle a _____ ?

E. Dites-le plus poliment.
Ex. : Vous êtes qui ? → C'est de la part de qui ?
1. Vous écrivez ça comment ?
2. C'est pourquoi ?
3. Une seconde, je vous le passe.
4. Rappelez demain.
5. Je comprends rien. Parlez moins vite.

F. Dans chaque cas, imaginez la question qui manque.
1. _____ ?
– B comme Bernard.
2. _____ ?
– Désolé, il n'y pas de Jacques ici. Je crois que vous avez fait le mauvais numéro.
3. _____ ?
– Bien sûr. Vous m'entendez mieux maintenant ?
4. _____ ?
– Oui, s'il vous plaît. Pourriez-vous lui dire que Mathieu a appelé ?
5. _____ ?
– Non, vous êtes chez un particulier.
6. _____ ?
– J'aurais besoin d'une information.
7. _____ ?
– Non, ici, vous êtes au service comptable. Voulez-vous que je vous repasse le standard ?

G. Vous téléphonez. Vous tombez sur un répondeur. Vous entendez : « Appuyez sur la touche dièse. » Sur quelle touche appuyez-vous ?

1. [*]   2. [#]

Gros plan sur...

Entrée en matière

1 **Ils ont entre 20 et 30 ans.** Ils ont grandi dans un environnement numérique, avec des ordinateurs, Internet, des téléphones portables. C'est la génération numérique. À votre avis, qu'est-ce qui différencie la génération numérique de celle de leurs parents ?

2 **Lisez le texte ci-dessous. D'où peut venir ce texte ?** À la lecture du premier paragraphe de ce texte, dites quel est le point de désaccord entre madame Weber et Antoine Richard.

3 **D'après Antoine Richard, qu'est-ce qui différencie la génération numérique de celle de leurs parents ou des seniors ?** Répondez en utilisant les adjectifs suivants.

méfiant	naïf	loyal	efficace	docile

Chère madame Weber,

J'ai trouvé le sujet de votre article sur la génération numérique très intéressant, mais je ne suis pas d'accord avec vous. J'ai 27 ans et je suis ingénieur. En tant que spécimen de cette génération, je pense au contraire qu'il existe un véritable conflit intergénérationnel.

À la différence de nos parents, nous nous méfions des entreprises. Nous avons vu nos parents se donner entièrement à leur travail et se faire jeter à l'approche de la cinquantaine. Nous savons que les entreprises veulent faire du profit et que nos vies ne les intéressent pas. La loyauté, le plan de carrière en interne, non merci. Donnez-nous ce que nous voulons ou alors nous irons à la concurrence.

Par ailleurs, nous manions mieux les nouvelles technologies que les seniors. C'est nous qui leur expliquons ce qu'il faut faire et comment il faut le faire. Étant donné la place croissante que ces technologies occupent dans le monde du travail, nous bouleversons la hiérarchie. Nos parents travaillaient, obéissaient aveuglément à leurs chefs. Nous sommes moins dociles. En fait, nous sommes en mesure de prendre rapidement le pouvoir aux quadras.

Antoine Girard
Paris

Les jeunes sont plus méfiants que ne l'étaient leurs parents : ils se méfient des entreprises.
Ils sont moins naïfs : ils savent que...

la génération numérique

B L'interview vidéo

Stéphanie Weber est sociologue, spécialiste des questions intergénérationnelles. Nous l'avons interviewée. L'interview comporte quatre parties.

1 Dans la première partie, Stéphanie Weber parle des caractéristiques des jeunes d'aujourd'hui. Lisez le texte suivant, regardez cette partie de l'interview et complétez les phrases suivantes :

1. Les jeunes d'aujourd'hui collent aux v_____ et aux t_____ de leur époque.

2. Ils s'intéressent à l'é_____ plus que leurs parents.

3. Les jeunes Européens sont plus e_____ que leurs parents.

4. Toutefois les jeunes des classes p_____ sont plus s_____ et restent assez n_____.

2 Dans la deuxième partie, Stéphanie Weber parle de la génération Y au travail. Regardez cette partie de l'interview.

a. Que signifie la lettre « Y » ?

b. Comment s'exprime ce « Y » dans le travail ? Complétez cet extrait d'interview.

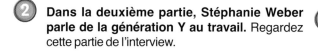

La génération Y veut savoir _____ elle travaille, _____ on lui _____ de faire ça, _____ pas ça.

c. Complétez les phrases suivantes avec des verbes au conditionnel.

1. Les jeunes s_____ plus exigeants que leurs aînés.

2. Ils v_____ des horaires flexibles.

3. Ils a_____ _____ de liberté et d'autonomie.

4. Ils d_____ les entreprises.

5. Ils r_____ une menace.

d. Pourquoi Stéphanie Weber parle-t-elle au conditionnel ?

3 Dans la troisième partie, Stéphanie Weber parle du « péril jeune ». Pour certains, en effet, les jeunes représenteraient un péril (danger) pour l'entreprise. Regardez cette partie de l'interview. D'après Stéphanie Weber, le « péril jeune » est-il une réalité ? Que dit-elle pour justifier son point de vue ?

4 Dans la quatrième partie, Stéphanie Weber explique pourquoi, de son point de vue, la génération Y est un faux concept. Regardez cette partie de l'interview.

a. Stéphanie Weber est-elle d'accord avec l'affirmation suivante ? Qu'est-ce qui, d'après elle, a le plus d'influence sur le comportement des jeunes ?

> Les salariés qui sont soumis aux mêmes situations, aux mêmes règles de gestion, réagissent à peu près de la même façon, quel que soit leur âge.

b. Que pense madame Weber de cette autre affirmation ?

> Les jeunes changent facilement d'employeur si le travail ne leur convient pas.

5 Et vous, qu'en pensez-vous ? Existe-t-il un véritable conflit intergénérationnel ? Les jeunes sont-ils plus efficaces que les seniors au travail ? Sont-ils une menace pour l'entreprise ?

Gros plan sur...

Entrée en matière

1 **Regardez le logo ci-contre.** À votre avis, que veut dire le mot *Twenga* ? Pensez-vous que ce soit un bon nom de marque ? Qu'est-ce qu'un bon nom de marque ?

2 **Lisez l'article ci-dessous et répondez aux questions suivantes.**

a. Que veut dire *Twenga* ? Où Bastien Duclaux et Cédric Anès ont-ils trouvé ce nom ? Pourquoi cherchaient-ils un nom en swahili ?

b. Pour quelles raisons ont-ils considéré que *Twenga* était un bon nom de marque ?

La naissance d'un nom de marque : Twenga

Twenga est le nom d'un moteur de recherche sur Internet créé par deux jeunes Français, Bastien Duclaux et Cédric Anès. Sur Twenga, vous trouvez un très large choix de produits proposés par des milliers de commerçants. Bastien Duclaux nous a raconté comment était né le nom de Twenga.

« Avec mon associé, explique Bastien Duclaux, nous voulions un nom court, composé de cinq à sept lettres, un nom qui "sonne" bien, qui soit rapide à taper sur un clavier et facilement mémorisable. Nous voulions éviter les noms se terminant par "oo" parce qu'à l'époque, c'était la grande mode et nous voulions nous démarquer.

J'avais beaucoup voyagé en Afrique australe et j'avais adoré cette région. Dans le choix d'un nom de marque, tous les entrepreneurs vous le diront, la dimension affective est importante. J'ai proposé à Cédric de chercher un nom swahili, le swahili étant la langue la plus parlée en Afrique australe. Nous avons recherché dans des dictionnaires des termes à la fois courts, à la sonorité agréable et dynamique, et dont la signification était en phase avec notre projet d'entreprise.

Nous avons trouvé le mot "twenga", qui veut dire "droit au but". "Droit au but" reflétait parfaitement l'objectif de notre société, qui est de faciliter au maximum l'achat sur Internet par les consommateurs. Le logo de Twenga est d'ailleurs composé d'une flèche qui atteint le centre d'une cible. Il symbolise la rapidité avec laquelle le consommateur peut trouver ses produits.

Coup de chance, ce nom était disponible pour une utilisation dans le monde entier. Nous avons déposé le nom dans tous les pays où nous voulions exploiter notre marque. Cédric et moi avions l'intuition que Twenga serait un nom gagnant et jusqu'à présent, ce pressentiment s'est révélé juste. »

D'après un article de Nathalie Mourlot, publié le 12 avril 2011 *in* lentreprise.com

le choix d'un nom de marque

 **L'interview vidéo**

Fabien Sanchez conçoit des noms de marque. Nous l'avons interviewé. L'interview comporte quatre parties.

① Dans la première partie, Fabien Sanchez explique pour quelles raisons il est important de bien choisir son nom de marque. Regardez cette première partie.

a. Dites dans quel ordre Fabien Sanchez présente les raisons suivantes :

☐ Les moteurs de recherche sélectionnent le nom.

1 Les prospects se souviennent du nom.

☐ Si on s'est trompé, il est difficile de changer de nom.

☐ Le nom vous distingue de vos concurrents.

b. Complétez les phrases suivantes, extraites de cette première partie de l'interview.

1. C'est la première chose qu'on voit sur un panneau p_____ .

2. Pour vous c'est une question de v_____ .

3. Votre nom vous rend u_____ , il marque votre p_____ .

c. Pour qui veut vendre à l'étranger, quel est le conseil de Fabien Sanchez ?

② Dans la deuxième partie, Fabien Sanchez se demande si le nom de marque doit ou non évoquer clairement le produit. Par exemple, une marque de tricots (pull-overs) a-t-elle intérêt à s'appeler Tricoti ou Mystère ? Regardez cette partie de l'interview et complétez le résumé suivant :

Avec un nom qui évoque le produit, le c_____ est inclus dans le produit et la c_____ sera donc plus facile. Mais à _____ terme, un nom qui n'évoque pas le produit est plus facile à m_____ , c'est le signe d'une marque d_____ , s_____ et f_____ .

③ Dans la troisième partie, Fabien Sanchez explique comment déposer le nom de marque. Dans le texte suivant, il y a cinq erreurs. Lisez ce texte, regardez cette partie de l'interview et corrigez les cinq erreurs.

Le dépôt du nom de marque sert à protéger le nom. Il est obligatoire. En France, c'est l'INPI (Institut national de la propriété industrielle) qui enregistre les dépôts de marque. Il y a 35 classes de produits. On doit inscrire sa marque dans une seule classe. Le dépôt de marque coûte environ 300 euros. La protection est de 10 ans. Elle est renouvelable une seule fois. Un dépôt de marque à l'INPI protège la marque dans le monde entier. On peut aussi déposer un slogan.

④ Dans la quatrième partie, Fabien Sanchez parle du nom de domaine, c'est-à-dire du nom du site Internet.

a. Regardez et complétez ces deux extraits de l'interview.

1. Vous devez vérifier la _____ de votre nom de domaine.

2. Il faut trouver un nom qui est beaucoup _____ et pour lequel il n'y pas trop de _____ .

b. D'après monsieur Sanchez, que pouvez-vous faire si le nom de domaine que vous avez choisi est déjà pris ?

1 Entrée en matière

1 Le télétravail consiste à travailler hors de l'entreprise, notamment à domicile, grâce aux moyens de télécommunication.

a. Vous arrive-t-il de télétravailler ? À quelles occasions ?

b. D'après vous, quels sont les avantages du télétravail ? Pour le salarié ? Pour l'entreprise ? Voyez-vous des inconvénients ?

2 **Lisez le texte ci-dessous.** Puis choisissez parmi les trois textes suivants celui qui résume le mieux l'article.

Télétravail : le futur n'est pas encore arrivé

En 1973, lorsque Jack Nilles, un ingénieur en télécommunications américain, étudia la possibilité d'utiliser l'électronique pour travailler à distance, il fut impressionné par tous les avantages potentiels que ce mode de travail représentait.

Avec le télétravail, la société économiserait des milliards en essence et en heures de travail productives. Les entreprises dépenseraient beaucoup moins pour leurs locaux. Les salariés seraient libérés des heures passées sur les routes et dans les trains de banlieue. Ils gagneraient un temps considérable, de l'énergie, de l'argent. Ils pourraient ainsi bénéficier d'une meilleure qualité de vie et consacrer du temps à leurs amis et à leur famille. Au milieu des années 70, Nilles était convaincu que le télétravail deviendrait la norme dix ou vingt ans plus tard.

Mais voilà… Quarante ans plus tard, nous sommes toujours coincés au bureau. Alors même qu'Internet, les téléphones portables et les réseaux sociaux ont envahi le monde du travail, la plupart d'entre nous faisons encore de longs trajets pour aller au bureau. Moins de 2 % de la population active des pays développés télétravaille à plein temps. C'est comme si une partie du futur n'était pas encore arrivée.

Quel est le meilleur résumé ?

1. Dans les années 70, Jack Nilles, un ingénieur américain, pensait que le télétravail présentait tellement d'avantages qu'il finirait par s'imposer dix ou vingt ans plus tard. Pourtant il ne concerne encore aujourd'hui qu'un très petit nombre de travailleurs.

2. Le télétravail présente de nombreux avantages pour la société, pour les entreprises et pour les salariés. Si peu d'entre nous y ont recours aujourd'hui, il est sûr qu'il deviendra la norme dans dix ou vingt ans.

3. Il y a quarante ans, un ingénieur américain a montré tous les avantages du télétravail. Grâce à lui, le télétravail a pu se développer et nombreux sont aujourd'hui ceux qui travaillent à distance, du moins une partie du temps.

 **L'interview vidéo**

Captravail est un cabinet spécialisé dans la mise en place du télétravail dans les entreprises. Nous avons interviewé sa directrice, Sabrina Levy. L'interview comporte quatre parties.

① **Dans la première partie, Sabrina Levy explique pourquoi le télétravail est une réussite.** Voici ci-dessous plusieurs avantages du télétravail.

a. Écoutez cette partie de l'interview et cochez les trois avantages cités par Sabrina Levy.

❏ Les télétravailleurs apprécient la liberté que leur apporte le télétravail.
❏ Ils peuvent passer du temps avec leur famille.
❏ Ils ne perdent pas de temps sur les routes ou dans les trains.
❏ Ils sont plus productifs à la maison qu'au bureau.
❏ Grâce au télétravail, les entreprises font des économies.

b. Complétez.

Des trois avantages cités par Sabrina Levy, le premier avantage concerne _____ et les deux autres intéressent _____.

② **Dans la deuxième partie, Sabrina Levy explique pourquoi le télétravail se développe peu.** Regardez cette partie de l'interview et complétez le résumé suivant.

Trois raisons expliquent le peu de succès du télétravail. La première raison tient à l'i_____ des salariés. Les salariés ne sont pas e_____ parce qu'ils ont peur de rester i_____. La deuxième raison est d'ordre j_____ : le télétravail ne permet pas de mesurer le t_____ de t_____, duquel dépend la r_____. La troisième raison est la plus importante : le télétravail engendre une véritable r_____ dans l'entreprise et les m_____ n'en veulent pas.

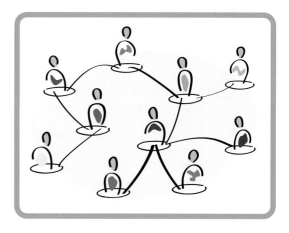

③ **Dans la troisième partie, Sabrina Levy nous parle des évolutions du télétravail.** Les affirmations suivantes concernent le télétravail des managers. Dites si elles sont vraies ou fausses, puis regardez cette partie de l'interview. Êtes-vous du même avis que Sabrina Levy ?

Avec le télétravail :
1. Les managers travaillent tout le temps à distance : ils ne vont pratiquement plus au bureau.
2. Où qu'ils aillent, ils prennent leur ordinateur portable avec eux.
3. Ils séparent bien la sphère privée et la sphère professionnelle.
4. Certains managers se sentent coupables ou inquiets quand ils ne travaillent pas.

④ **Dans la quatrième partie, Sabrina Levy nous livre sa conclusion.** Regardez et complétez.

1. Le télétravail est né d'une révolution t_____, mais c'est surtout une révolution c_____, et les m_____ ne sont pas encore prêtes.

2. L'arrivée de j_____ sur le marché du t_____ pourrait être un f_____ déterminant dans le d_____ du télétravail.

Gros plan sur...

A Entrée en matière

① **Achetez-vous des produits de luxe ?**
Quels types de produits ? À quelles occasions ?
Quelles marques de luxe connaissez-vous ?

② **Les affirmations suivantes concernent les produits de luxe.** Vrai ou faux ?
Le plus souvent :
1. les produits de luxe sont d'une qualité exceptionnelle.
2. leur fabrication est très coûteuse.
3. on en fait la publicité à la télévision.
4. beaucoup de personnes en achètent.
5. ils rapportent beaucoup d'argent.

③ **Lisez l'article ci-dessous.**

a. Marie-Claire Sicard, l'auteur de cet article, est-elle d'accord avec les affirmations de l'exercice 2 ?

b. Selon l'auteur, qu'est-ce que le véritable luxe ?

Les marques ont tué le luxe

Les marques ont tué le luxe ou, en tout cas, elles l'ont bien abîmé. Pourquoi ? Parce qu'elles sont devenues la proie d'un marketing qui commet les mêmes excès que lorsqu'il s'intéresse à la moutarde ou au dentifrice, et avec les mêmes résultats : banalisation, matraquage publicitaire, réduction des coûts, nivellement de la qualité. Mais ce marketing de luxe génère aussi des bénéfices bien supérieurs à ceux des marques grand public.

Les marques de luxe sortent toutes du même moule : une fabrication en série, standardisée, à bas coût, distribuée aux masses à grande échelle et vendue à l'aide de techniques de vente qui utilisent tous les outils, tous les médias disponibles : la presse, la radio, la télévision, l'affichage, Internet, etc.

Le mensonge du marketing, c'est de nous faire croire que les marques fabriquent sur place, dans la grande tradition artisanale et en utilisant les matériaux les plus précieux, des objets uniques ou rares, d'une extrême qualité, donc très chers, destinés aux *happy few*. Cette description, qui est celle du luxe véritable, ne s'applique en fait qu'à un très petit nombre de cas.

D'après *Luxe, mensonges et marketing*, MARIE-CLAUDE SICARD

l'industrie du luxe

L'interview vidéo

Audrey Guillon est professeur de marketing à l'École supérieure de commerce de Chicoutimi. Ses recherches portent sur le marketing du luxe. Nous l'avons interviewée. Cette interview comporte quatre parties.

1 **Dans la première partie, Audrey Guillon parle de la demande de produits de luxe.**

a. Regardez cette partie de l'interview et complétez le résumé suivant.

Il y a encore _____ ans, le luxe était réservé à une clientèle très f_____. Depuis il s'est beaucoup d_____. Aujourd'hui, certains produits de luxe, comme les p_____, les eaux de toilette et les s_____ à _____ sont achetés par le plus grand nombre. Toutefois, si les gens o_____ consomment du luxe, c'est de façon e_____.

b. Quel exemple Audrey Guillon donne-t-elle pour illustrer son explication ? Pouvez-vous donner d'autres exemples ?

2 **Dans la deuxième partie, Audrey Guillon parle du produit.**

a. Lisez la déclaration suivante. Puis regardez cette partie de l'interview. Audrey Guillon est-elle d'accord avec cette déclaration ? Pourquoi ?

> Dans le luxe, on réalise des études de marché pour identifier les attentes des consommateurs. Car un produit de luxe doit répondre très précisément aux besoins des consommateurs.

b. Quel exemple Audrey Guillon donne-t-elle pour illustrer son explication ?

c. À quoi correspond cette définition ?

_____ : Démarche qui, au lieu de prendre en compte les attentes du marché, propose des innovations pensées par l'entreprise et visant à créer une demande.

3 **Dans la troisième partie, Audrey Guillon parle du prix.**

a. Avant de regarder l'interview, dites si les affirmations suivantes sont vraies ou fausses.

1. On détermine le prix d'un produit de luxe en fonction des prix de la concurrence.
2. Avant d'acheter le parfum d'une grande marque de luxe, le consommateur le compare à d'autres parfums.
3. Il y a très peu de relation entre le prix de vente d'un produit de luxe et son coût de production.
4. Le luxe vend du rêve, le rêve n'a pas de prix.

b. Maintenant regardez cette partie de l'interview et vérifiez vos réponses.

4 **Dans la quatrième partie, Audrey Guillon parle de la distribution.** Regardez cette partie de l'interview. Puis dites quelles sont les spécificités de la distribution des produits de luxe concernant :

– le nombre des points de vente : _____
_____

– l'emplacement : _____
_____

– les méthodes de vente : _____
_____

– l'atmosphère du magasin : _____
_____

Gros plan sur...

A Entrée en matière

1 **Répondez aux questions suivantes.**

a. Quelles sortes de biens ou services achetez-vous sur Internet ?

b. Quels produits préférez-vous ne pas acheter ? Pour quelles raisons ?

c. Avez-vous déjà rencontré des problèmes en achetant sur Internet ?

2 **Vrai ou faux ?**

1. Aujourd'hui, le commerce de détail réalise une infime partie de ses ventes en ligne.

2. Vendre en ligne nécessite peu d'investissements.

3. Le plus souvent, grâce aux ventes en ligne, les entreprises gagnent beaucoup d'argent.

4. Dans l'avenir, le commerce traditionnel et le commerce en ligne seront deux activités bien séparées.

3 **Lisez l'article suivant et vérifiez vos réponses à l'exercice 2.**

Quel avenir pour le commerce en ligne ?

Le commerce en ligne reste un marché de niche. Il concerne environ 3 % du chiffre d'affaires du commerce de détail. À quelques rares exceptions, il ne dégage pas de bénéfice. Car contrairement à ce que pensent les commerçants traditionnels, vendre par Internet nécessite de gros investissements et coûte très cher. Ces investissements sont difficiles à rentabiliser.

Toutes les grandes réussites du commerce en ligne sont liées à de véritables innovations organisationnelles ou de services. E-bay, par exemple, a réinventé le troc. En dehors de ces innovations, la vente en ligne n'est rien de plus que l'exploitation d'un nouveau canal de distribution.

Le commerce en ligne pourra-t-il se développer davantage ? Oui sans doute, mais à condition d'innover. Ces innovations pourraient se déve-lopper autour de la mobilité du consommateur. Les smartphones peuvent ainsi conduire à de nouvelles pratiques de consommation. Avec les technologies de géolocalisation, le commerce (électronique ou non) peut suivre le consomma-teur dans sa mobilité et dans ses usages et lui proposer des produits dans un magasin tout proche.

Ce magasin utilisera bientôt toutes les technolo-gies numériques. Par exemple, en se plaçant devant un « écran miroir », le client pourra essayer virtuellement un vêtement du magasin, sans avoir besoin de le porter physiquement.

Plutôt qu'une explosion des parts de marché du commerce en ligne, on peut donc prévoir une convergence entre le commerce traditionnel et le commerce en ligne.

le commerce en ligne

B L'interview vidéo

Mathieu Dumas est directeur commercial de Komex, une société spécialisée dans la création de sites de commerce en ligne. Nous lui avons demandé des conseils. Cette interview comporte quatre parties.

1 Dans la première partie, Mathieu Dumas dit que le site doit être agréable à regarder.

a. Regardez cette partie de l'interview et complétez le résumé suivant.

Pour être agréable à regarder, la page d'accueil n'a pas besoin d'être o_____. Pour c_____ un site, on peut trouver sur Internet des m_____ tout fabriqués. Ils sont peu c_____ et de b_____ q_____. Pour un design plus p_____, il faut s'adresser à des a_____ W_____, mais c'est plus c_____.

b. Quel est le dernier conseil de Mathieu Dumas ?

2 Dans la deuxième partie, Mathieu Dumas nous explique que le site doit contenir des informations.

a. Avant de regarder l'interview, dites si les affirmations suivantes sont vraies ou fausses.

1. Avoir un beau site, c'est bien, mais ce n'est pas suffisant.

2. Le client veut des informations.

3. Vous devez raconter l'histoire de votre entreprise.

4. Vous devez mettre en avant vos atouts et vos compétences.

b. Maintenant regardez cette partie de l'interview et vérifiez vos réponses.

c. Dites ce que remplacent les pronoms soulignés.

1. Il faut qu'<u>elle</u> soit agréable à regarder.

→ elle = *la page d'accueil*

2. Vous ne pourrez plus <u>le</u> rattraper.

3. <u>Le</u> maintenir, ça demande des compétences.

3 Dans la troisième partie, Mathieu Dumas dit que le site doit inspirer confiance.

a. Regardez cette partie de l'interview. D'après Mathieu Dumas, quels sont les maîtres mots de la confiance ?

1. _____

2. _____

3. _____

b. Quelle est la suggestion de Mathieu Dumas concernant les questions ou réclamations éventuelles des clients ?

4 Dans la quatrième partie, Mathieu Dumas nous parle de l'importance de la logistique. Regardez et complétez les phrases suivantes.

1. Si votre logistique n'est pas au point, vous ne pourrez pas f_____ vos clients.

2. La logistique, c'est surtout la l_____.

3. Vos produits doivent être l_____ en b_____ é_____ dans les d_____ convenus.

4. On peut pratiquement tout v_____ en l_____, à condition que la l_____ suive.

A Entrée en matière

1 **Discutez ces questions**

a. Pour vous, qu'est-ce qu'une bonne voiture ? Doit-elle être grande ou petite, confortable, spacieuse, rapide, belle, luxueuse, bon marché, silencieuse, peu polluante ?

b. Est-ce important qu'elle consomme peu de carburant ? qu'elle tienne bien la route ? etc.

2 **Lisez l'article ci-dessous et répondez aux questions suivantes.**

a. Quelles sont les trois fonctions de l'automobile ?

b. Quelles sont les spécificités des automobiles aux États-Unis ? en Europe ? au Japon ? Dans chaque cas, comment explique-t-on ces spécificités ?

c. Pour quelle raison vend-on de plus en plus d'automobiles en Chine ?

Des automobiles partout mais différentes

Qu'est-ce qu'une automobile ? À quoi sert-elle ? C'est d'abord un instrument utile : elle sert à se déplacer. C'est également un objet social : selon que vous avez une BMW ou une petite voiture d'occasion, vous affichez votre statut social. C'est enfin une extension du domicile. Dans sa voiture, on a son désordre, sa musique, il y a la climatisation, on est abrité du monde extérieur, on est chez soi.

L'automobile est en adéquation avec l'écosystème du pays où on la vend. Les États-Unis ont un immense espace, où l'essence est bon marché et où on roule lentement sur de grandes routes. Il y a donc des autos grandes et confortables, peu économes en carburant et peu performantes en tenue de route. En Europe, les distances sont plus courtes, les routes plus étroites, la circulation est plus rapide, l'essence est lourdement taxée. L'auto est donc plus performante pour sa tech-

nologie et ses qualités routières. Au Japon, la circulation est concentrée dans les villes : on avance de cinquante mètres, on s'arrête et on redémarre pour cinquante mètres. La voiture est donc particulièrement silencieuse et peu polluante.

L'importance de l'automobile dans un pays dépend étroitement du niveau de développement du pays. Aux États-Unis, il y a 90 automobiles pour 100 personnes, soit 90 %, c'est-à-dire plus d'une voiture par conducteur, si on élimine les très jeunes et ceux qui ne conduisent plus. En Europe, on est à 60 %, soit proche d'une automobile par conducteur. En Inde, on est à environ 1 %. En 1995, on vendait plus d'automobiles aux Pays-Bas qu'en Chine. Aujourd'hui, on vend plus d'automobiles en Chine qu'aux États-Unis. Cela montre à quelle vitesse la Chine s'est développée ces dernières années.

l'avenir de l'automobile

L'interview vidéo

Guillaume Bouvier est journaliste, spécialiste des questions automobiles. Nous l'avons interviewé. L'interview comporte quatre parties.

① **Dans la première partie, Guillaume Bouvier nous donne ses prévisions de ventes d'automobiles.** Dites si, à votre avis, les affirmations suivantes sont vraies ou fausses. Puis regardez cette partie de l'interview. Êtes-vous du même avis que Guillaume Bouvier ?

1. Les automobiles continueront à se vendre.

2. La voiture a beaucoup d'avantages.

3. Mais on peut facilement la remplacer.

4. Dans les pays riches, les ventes de voitures vont diminuer.

5. Dans les pays en voie de développement, les ventes vont augmenter.

6. Dans les pays comme la Chine, l'automobile est avant tout un moyen de transport utile.

7. Dans les pays riches, la voiture permet surtout d'afficher sa place dans la hiérarchie sociale.

8. L'automobile n'est pas un problème.

② **Dans la deuxième partie de l'interview, Guillaume Bouvier nous parle des problèmes de sécurité.** Regardez cette partie de l'interview et répondez aux questions suivantes.

a. Combien de morts y a-t-il par an sur les routes ?

b. Que veut dire Guillaume Bouvier quand il parle de « morts de la guerre » ?

c. Les voitures sont-elles plus dangereuses qu'avant ?

d. Qui sont les principales victimes des accidents automobiles ?

e. D'après Guillaume Bouvier, comment peut-on améliorer la sécurité automobile ? Qui devrait s'en charger ?

③ **Dans la troisième partie, Guillaume Bouvier explique comment faire pour que les voitures occupent moins d'espace.** Parmi les solutions proposées ci-dessous, choisissez celles qui vous paraissent acceptables. Puis regardez cette partie d'interview. Êtes-vous du même avis que Guillaume Bouvier ?

Pour que les voitures occupent moins d'espace, il faudrait :

☐ vendre de petites voitures

☐ encourager les transports en commun

☐ encourager l'usage de la bicyclette

☐ construire des routes plus grandes

☐ favoriser les embouteillages dans les villes

☐ limiter le stationnement dans les villes

☐ concevoir des villes sans auto

④ **Dans la quatrième partie de l'interview, Guillaume Bouvier parle des problèmes de pollution.** Regardez et complétez les phrases suivantes.

1. L'automobile rejette des g_____
t_____ dans l'a_____.

2. Le problème est résolu t_____.

3. On sait réduire la pollution à un niveau a_____.

4. La pollution est le fait des voitures â_____.

5. Le problème sera résolu quand le parc automobile sera complètement r_____.

6. Il faudra encore attendre une v_____ d'a_____

Transcription des enregistrements audio

1. Acteurs économiques

Bilan de compétences *(page 18)*

Conversation 1, page 18
– Bonjour, je fais une enquête pour l'institution « Entreprise et professions ». Est-ce je peux vous poser quelques questions ?

– Oui, si ce n'est pas trop long.

– Non, seulement quelques minutes. Bon, voici ma première question : « Est-ce que vous travaillez comme salarié ou comme travailleur indépendant ? »

– Je suis salarié, mais avant…

– Très bien. « Comme salarié. » Voici la deuxième question : Travaillez-vous comme ouvrier, comme employé ou comme cadre ?

– Je suis responsable des ventes pour plusieurs magasins, et le magasin principal se trouve à Paris, c'est à quelques minutes d'ici, à pied, et…

– Excusez-moi. Mais êtes-vous ouvrier, employé ou cadre ?

– Je dirige une équipe de vendeurs, donc, je suis cadre, mais en fait, je n'ai pas…

– Très bien. « Cadre. » Voici la troisième question : « Travaillez-vous dans une grande entreprise ou dans une petite entreprise ? ».

– Euh… en fait… c'est une entreprise de taille moyenne.

– Ce n'est pas une réponse possible. Vous devez choisir entre grande et petite.

– Il y a près de 60 salariés, 58 exactement, oui, oui, 58 depuis hier et donc… euh… je ne sais pas… petite ?

– « Petite. » Quatrième question : Dans quel type d'entreprise travaillez-vous ?

– Nous vendons des articles de sport, nous avons cinq magasins et…

– Vous devez répondre entreprise industrielle, entreprise agricole, ou entreprise commerciale.

– Commerciale, alors.

– « Entreprise commerciale. » Voici ma cinquième question : Quelle est l'activité de l'entreprise ?

– Comme je vous ai dit, nous vendons des articles de sport, et nous avons cinq magasins dans…

– Très bien. La réponse est : « Vente d'articles de sport. » Voici ma dernière question : « Êtes-vous satisfait de votre travail ? »

– Satisfait ? Qu'est-ce que vous voulez dire ? Ça dépend, oui et non.

– Ce n'est pas une réponse possible. Vous devez dire : oui OU non.

– Euh… écoutez, c'est difficile comme question… non, pas toujours… en fait, euh, vraiment, ça dépend, il y a des jours, oui…

– Très bien. La réponse est « oui ». Voyez, ça n'a pas été très long.

Conversation 2, page 18
Client : Excusez-moi, vous êtes bien la directrice du magasin ?

Directrice : Oui, c'est moi, que puis-je faire pour vous ?

Client : Je suis monsieur Zimmerman, Florent Zimmerman. J'aurais besoin d'une information.

Directrice : Je vous écoute, monsieur Zimmerman.

Client : Voilà, lundi dernier, vous avez passé une annonce… euh… une publicité… dans *le Journal des affaires*… euh… c'était… euh… le 3 mars, le lundi 3 mars… c'était pour un aspirateur. Vous voyez ce que je veux dire ?

Directrice : Oui, bien sûr, vous voulez parler de notre Tornade à 99 euros, je suppose.

Client : Absolument… eh bien, voilà, je voudrais savoir pourquoi… euh… pourquoi cet aspirateur n'existe pas dans votre magasin… pourquoi il n'est pas en vente aujourd'hui.

Directrice : Le Tornade ? Mais je crois qu'il est en vente.

Client : Oui, non, ce que je veux savoir, c'est pourquoi vous le vendez à 160 euros, et pas à 99 euros, comme dans l'annonce, comme c'est écrit dans l'annonce.

Directrice : Avez-vous bien lu les conditions de notre promotion, monsieur Zimmerman ?

Client : Écoutez, je crois que je sais lire… c'est pas très compliqué… Dans le journal, vous dites 99 euros et dans le magasin, ça coûte 160 euros… le même aspirateur et… euh… je voudrais savoir comment ça se fait, comment vous expliquez ça.

Directrice : C'est très simple, monsieur Zimmerman. C'est que cette promotion exceptionnelle n'était valable que pendant 24 heures.

Client : Comment ça, 24 heures ? Où est-ce que vous avez vu ça ?

Directrice : En bas de l'annonce, c'est écrit en toutes lettres : « Offre exceptionnelle jusqu'au mardi 4 mars. ».

Client : Ah bon ?… et alors ?

Directrice : Et alors, nous sommes le 6 mars, jeudi 6 mars, et donc, aujourd'hui, cette promotion n'est plus valable.

Client : Mais c'est incroyable !

Directrice : Je comprends votre déception, monsieur Zimmerman. Mais nous avons une nouvelle promotion sur un autre modèle d'aspirateur.

Client : Ah bon…

Directrice : C'est un aspirateur Aspix. Nous le vendons 110 euros au lieu de 150 euros. Une offre extrêmement intéressante.

2. Créateurs d'entreprise

Bilan de compétences *(page 32)*

Activité 1, page 32

Mme A. : Écoutez, c'est pas compliqué, pour créer une entreprise, il faut de l'argent. Moi, j'ai des idées, mais pas d'argent. Donc, j'ai demandé un prêt à plusieurs banques, mais elles ont toutes refusé. On ne prête qu'aux riches, c'est bien connu.
(Pause : 00'05")
M. B. : Franchement, je crois que ce n'est pas le moment. Regardez autour de vous, les entreprises font faillite les unes après les autres. Il vaut mieux attendre que la situation s'améliore.
(Pause : 00'05")
Mme C. : Moi, ça fait seulement quelques mois que j'habite ici. Avant, j'étais à l'étranger et donc, ici, je connais encore très peu de monde. Pour créer une entreprise, il faut connaître des gens, et si possible, des gens influents.
(Pause : 00'05")
M. D. : Créer une entreprise, dans ma situation, ce ne serait pas très raisonnable. J'ai trois enfants à nourrir, alors, ce n'est pas le moment de prendre des risques. Après, peut-être, quand les enfants seront grands.
(Pause : 00'05")
Mme E. : Il y a seulement un an que j'ai fini mes études. J'ai trouvé un emploi dans une grande entreprise et… euh… là où je travaille, ça me plaît beaucoup, l'ambiance est très bonne, et puis, j'apprends des tas de choses. Je crois que j'ai encore beaucoup à apprendre avant de créer ma propre entreprise.

Activité 2, page 32

Journaliste : Je crois que le jeune Louis Renault ne s'intéresse pas beaucoup à l'école.
Invité : En effet, l'école, les études, ce n'est pas son fort. À vrai dire, tout ce qui l'intéresse, c'est la mécanique. Il s'est s'aménagé un atelier au fond du jardin de la maison de ses parents, et c'est là qu'il passe ses journées. Il bricole. Toute la journée, il bricole.
Journaliste : C'est donc un élève médiocre à l'école, qui passe son temps à bricoler. Et pourtant, il va brillamment réussir.
Invité : Oui, effectivement, et c'est peut-être parce qu'il possède deux qualités essentielles : l'intuition et le pragmatisme. Il va même réussir très tôt. À 21 ans, il a déjà construit sa première voiture. On raconte qu'au cours d'un réveillon de Noël – c'était en 1898, je crois – il parie avec des amis que sa petite voiture, sa voiturette, comme il dit, peut remonter la pente de la rue Lepic. C'est une rue de Montmartre, à Paris, avec une pente à 13 %.
Journaliste : Et il gagne son pari.
Invité : Non seulement il gagne son pari, mais, de plus, le soir même, il passe ses douze premières commandes de voitures. On peut dire qu'à partir de ce moment-là, il est lancé. Quelques mois plus tard, il fait breveter la boîte de vitesse qu'il a inventée. Pratiquement tous les industriels de l'époque vont l'adopter. En fait, cette petite boîte de vitesse va être à l'origine da sa fortune.

Journaliste : Et après ?
Invité : Après, tout s'enchaîne. Il fonde avec son frère Marcel l'entreprise Renault Frères. Très vite, les frères Renault vont connaître la gloire en gagnant de nombreuses courses automobiles. Ils deviennent très respectés dans le milieu de l'automobile.
Journaliste : C'est alors que survient un événement tragique : en 1903, Marcel trouve la mort dans l'une de ces fameuses courses.
Invité : Oui, comme vous dites, la mort de Marcel Renault est un événement tragique, c'est un coup très dur pour Louis, qui se retrouve tout seul. Cette mort va marquer un tournant décisif dans la vie de l'entreprise. Louis diversifie la production. Il fabrique des voitures de plus en plus puissantes, mais aussi des camionnettes, de petits omnibus, des groupes électrogènes, bref, tout ce qui comporte un moteur. Il se lance même dans l'aviation.
Journaliste : Et pendant la Première Guerre mondiale, Renault, enfin, l'entreprise Renault, se reconvertit dans la production de guerre.
Invité : Oui, pendant quatre ans, de 1914 à 1918, Renault fabrique une quantité impressionnante de matériel de guerre : des camions, des ambulances, des moteurs d'avion, plus de huit millions d'obus.
Journaliste : Et après la guerre, l'entreprise va poursuivre son expansion.
Invité : Oui, effectivement, après la guerre, Renault va poursuivre une fulgurante expansion jusqu'à la fin de Seconde Guerre mondiale.
Journaliste : Et alors, Louis Renault est accusé d'avoir collaboré avec les nazis, il est même condamné à la prison, et meurt en 1944 des suites d'une maladie.

3. Ressources humaines

Bilan de compétences *(page 46)*

Activité 1, page 46

Je m'appelle Jennifer Poulain et… euh… je suis belge d'origine. Je dirige la société Meyer depuis cinq ans… Nous fabriquons des filtres à eau et nous avons une usine en France et une autre en Roumanie. Au total, nous employons près de 250 salariés, et nous vendons dans le monde entier. Je voyage souvent… Mais… bon… quand je ne suis pas en voyage… j'arrive au bureau assez tôt, vers 8 heures. Je suis une matinale, c'est presque toujours moi qui arrive la première. Mon assistante arrive peu après moi. La première chose que je fais en arrivant, c'est de préparer les réunions de la journée. C'est comme ça que je commence la journée. Générale-ment, j'ai trois ou quatre réunions par jour, ce sont des réunions sur des projets différents. Je m'assure que les projets avancent parce que c'est mon tra-vail… mon travail, d'abord, c'est de faire travailler mes équipes, de faire avancer les projets, de faire bouger les choses. L'important, aujourd'hui, c'est de pouvoir s'adapter rapidement. L'environnement change très vite et il faut être flexible, voilà, nous devons être flexibles. Quand je dis « nous », je parle de nous tous, de tout le personnel de l'entreprise. Une autre partie de mon travail, de mon rôle, une partie très importante, consiste à prévoir les évolutions du marché, je dois réfléchir à l'avenir, et prendre les décisions en conséquence, choisir la bonne stratégie. Beaucoup de patrons passent leur temps à se battre contre les difficultés quotidiennes. Je considère que ce n'est pas mon rôle. Mon rôle, ce n'est pas de gérer l'entreprise au quotidien. Comme je vous le disais, je m'assure simplement que les choses avancent. Pour le reste, j'essaye de faire les bons choix en termes de stratégie.

J'attache beaucoup d'importance aux relations humaines à l'intérieur de l'entreprise. Pour bien travailler, il faut que les gens s'entendent, il faut qu'ils communiquent. C'est une règle de base. Sans ça, ça ne peut pas marcher. Je crois avoir de très bonnes relations avec mon personnel, avec tout le monde, les ouvriers, les cadres. Nous avons une organisation très plate, il y a peu de hiérarchie, et je me sens très proche de tout le monde… Bon, mais cela ne veut pas dire que mes collaborateurs me tapent sur l'épaule et me tutoient. Non. Tout le monde ici me vouvoie. Mais vous savez, tutoyer ou vouvoyer, ça ne veut pas dire grand-chose. Dans certaines entreprises, tout le monde se tutoie, mais ça ne veut pas dire que tout le monde s'entende. Vous pouvez tutoyer votre patron et en même temps avoir avec lui une relation très distante et conflictuelle.

Activité 2, page 46

Mme A. : Je vais vous dire franchement, à mon avis, il faudrait interdire les grèves dans les services publics. Aujourd'hui, les fonctionnaires s'arrêtent de travailler pour un oui pour un non. Non, franchement, je crois qu'il y a d'autres moyens de résoudre les conflits.
(Pause : 00'05")
M. B. : Les employeurs ne respectent pas leurs salariés. Pour eux, un travailleur, c'est comme une machine. Quand ils n'en ont plus besoin, ils s'en débarrassent.
(Pause : 00'05")
Mme C. : La plupart des réunions sont une perte de temps. On reste assis pendant des heures, à parler pour ne rien dire, et finalement on aboutit à aucune décision. Je crois qu'on pourrait supprimer les trois quarts des réunions, sans problème.
(Pause : 00'05")
M. D. : Moi, je pense qu'un bon manager, c'est un manager autoritaire. Dans toute organisation, il doit y avoir un chef qui donne des ordres et des subordonnés qui obéissent. Sans ça, ça ne peut pas marcher, croyez-en mon expérience.
(Pause : 00'05")
Mme E. : Il n'y a pas assez de femmes managers, les postes de direction sont quasiment tous occupés par des hommes. Vous trouvez ça normal, vous ? On parle de libération de la femme, mais je crois qu'il y a encore pas mal de progrès à faire de ce côté-là.

4. Marketing

Moyens de communication *(page 54)*

Activité 7, page 55
– Bonjour, jeune homme, où est-ce que vous allez avec ce colis ?
– Je cherche l'emplacement de la voiture de Mme Dupont.
– Alors, c'est le 16 A, vous allez au fond du parking, à droite, dans l'allée A.
– Merci… Madame Dupont, un colis pour vous.
– Entrez, je vous en prie.
Depuis qu'Ambi-Pur a créé Ambi-Pur Car, le diffuseur de parfum rechargeable, spécialement conçu pour la voiture, c'est fou le nombre de gens qui vivent dans leur voiture !
Ambi-Pur Car, le parfum de votre voiture ! Ambi-Pur Car, disponible en grande surface, au rayon Entretien.

Force de vente *(page 56)*
Activité 8, page 57
Vendeuse : Bonjour, monsieur, que puis-je faire pour vous ?
Client : Je voudrais des lunettes de soleil.
Vendeuse : Quel type de lunettes cherchez-vous ?
Client : Vous vendez la marque Cébé ?
Vendeuse : Bien sûr, monsieur. Avez-vous une préférence pour la monture ?
Client : Les lunettes rouges, dans cette vitrine, combien coûtent-elles ?
Vendeuse : 140 euros.
Client : 140 euros ? C'est cher, je trouve.
Vendeuse : Je comprends. C'est une monture de bonne qualité, et les verres sont très performants. Voulez-vous essayer ?
Client : Je veux bien.
Vendeuse : Elles vous vont très bien. Qu'en pensez-vous ?
Client : C'est vrai. Euh… bon, je crois que je vais les prendre.
Vendeuse : Désirez-vous autre chose ? Un étui ?
Client : Non merci. J'ai tout ce qu'il faut.
Vendeuse : Comment souhaitez-vous régler ?
Client : Par carte bancaire.
Vendeuse : Très bien, monsieur. Vous pouvez insérer votre carte… Voilà votre ticket, merci.
Client : Au revoir.
Vendeuse : Au revoir, monsieur.

Bilan de compétences *(page 60)*
Activité 1, page 60
– Bonjour, je fais une petite enquête sur les habitudes de lectures. Est-ce que tu as une minute ?
– Oui, c'est pourquoi ?
– C'est une enquête sur les habitudes de lecture des jeunes. Je vais te poser quelques questions, ça marche ?
– D'accord.
– Alors, d'abord, peux-tu me dire combien de livres tu lis chaque mois, en dehors de l'école ?
– Euh… en fait, ça dépend…

– En moyenne.

– Euh… disons un livre… ou deux… ça dépend… généralement deux.

– Deux alors. Et comment est-ce que tu choisis un livre ?

– Euh… c'est quand on m'a parlé d'un livre… quand on m'a dit que c'était bon…

– On, c'est qui ?

– C'est un prof, ou mes parents.

– Donc, c'est un professeur ou tes parents qui te conseillent.

– Oui, ou alors, je regarde la couverture du livre, je lis le résumé, je vois si ça me plaît.

– D'accord. Et pourquoi est-ce que tu lis ?

– Je sais pas, pour passer le temps.

– Pour passer le temps ?

– Oui, pour le plaisir, quoi, pour m'amuser, j'aime pas les bouquins trop sérieux, j'aime bien quand c'est un peu drôle… drôle, mais pas idiot, vous voyez…

– Je vois… et quels sont les sujets qui t'intéressent ?

– Les sujets qui m'intéressent ?

– Oui, par exemple, l'amour, est-ce que ça t'intéresse ?

– L'amour, ah non, pas du tout, l'amitié, oui, les relations avec les autres, oui, mais l'amour, non.

– Donc, ce qui t'intéresse, tu dis que c'est plutôt l'amitié. Et quels types de textes préfères-tu ?

– C'est-à-dire ?

– Est-ce que tu lis plutôt des textes documentaires, de la poésie, des romans…

– Des romans.

– Et quoi encore ? Des biographies, du théâtre, des BD…

– Quelques BD aussi… des romans et un peu de BD.

– Très bien, j'ai bientôt fini. Maintenant, je voudrais savoir quelles sont, pour toi, les principales qualités d'un livre.

– Pour moi… euh… bon, c'est l'histoire, bien sûr… il faut une histoire intéressante avec de l'action, de l'humour, pas trop de descriptions…

– Une histoire avec de l'action…

– Oui, mais pas trop d'action non plus, une bonne histoire, quoi.

– D'accord. Et j'ai une dernière question. Peux-tu me dire quels sont tes deux auteurs préférés ?

– De quelle époque ?

– De n'importe quelle époque.

– Il y en a beaucoup… euh… j'aime bien Zola… et… euh… Victor Hugo.

Activité 2, page 60

A : Salut, qu'est-ce que tu sens bon aujourd'hui !

B : C'est ma nouvelle sensation.

A : Sensation ?

B : Oui, mon nouveau parfum, Jonathan l'adore.

A : Mmm… Sensation, tu dis ? Ça me donne des idées pour ce soir.

Voix off : Parfum Sensation… Une nouvelle sensation chaque jour.

A : Maman, tu n'as pas vu mes chaussures ?

B : Non, chéri, tu as cherché dans ta chambre ?

A : J'ai cherché partout, même dans la salle de bains !

B : D'accord… laisse-moi regarder dans l'aspirateur.

Voix off : L'aspirateur Tornade… Rien ne lui échappe.

A : L'aspirateur Tornade… Rien ne lui échappe

A : T'as pas fini de regarder cette fille ?

B : Mais quelle fille ? Tu dis n'importe quoi.

A : Je te vois bien, tu la dévores des yeux.

B : Mais qu'est-ce que tu racontes ?

C : Madame, Monsieur, vos cafés Palmier.

B : Mmm… Qu'est-ce qu'il est bon ce café !

A : C'est vrai, quel arôme et quelle douceur ! C'est quoi déjà, ce café ?

Voix off : C'est le café Palmier, le café qui apporte la douceur.

B : Alors, qu'est-ce que tu disais, ma chérie ?

A : Mmm… C'était pas important.

Voix off : Café Palmier, le café qui apporte la douceur.

Assurances MAAF : Vendredi dernier, j'arrive au restaurant en voiture, je vais pour m'installer, quand le garçon me dit : « Monsieur, vous ne pouvez pas rentrer avec cette voiture. » Je m'insurge. Si je suis venu avec ma voiture, c'est bien pour rester dedans. Je lui explique que dans ma voiture, je suis assuré, qu'en dehors, non, donc que je veux rester dedans. Il me répond : « Et imaginez que les gens assurés dans leur maison viennent avec. » C'est idiot comme réponse. Les maisons ne peuvent pas se déplacer. Qu'est-ce que vous en pensez ? C'est idiot. Madame ?

Pour d'abord assurer les gens, et pas seulement les voitures, le nouveau contrat MAAF et la garantie Tranquillité famille vous assurent avec vos proches aussi bien à l'intérieur qu'à l'extérieur de votre voiture. Informations et conditions dans nos agences. MAAF, chercheur en vie meilleure.

5. Correspondance professionnelle

Bilan de compétences (*page 74*)

Activité 1, page 74

Fournisseur : Que pensez-vous des échantillons ?

Cliente : C'est un bon produit, c'est à peu près ce que je recherche.

Fournisseur : C'est un produit très apprécié. Est-ce que le prix vous convient ?

Cliente : À vrai dire, c'est un peu cher.

Fournisseur : Combien d'articles envisagez-vous de commander ?

Cliente : Une dizaine, si nous pouvons nous entendre sur le prix.

Fournisseur : Écoutez, pour votre première commande, je peux vous proposer une réduction de 10 %.

Cliente : C'est beaucoup mieux.

Activité 2, page 74

Mme A. : Oui, alors, voilà, j'ai l'intention de vous commander une centaine de livres et ce que je voudrais savoir, c'est si vous faites des réductions, c'est-à-dire que… euh… est-ce que vous faites des réductions pour des commandes importantes ?

(Pause : 00'05")

M. B. : Je préférerais en fin de soirée, vers 17 heures… Il n'y a rien entre 16 heures et 18 heures ?… Pardon ?… Et l'arrivée est prévue à quelle heure ?
(Pause : 00'05")

Mme C. : Bon, alors, je récapitule. Il nous faudrait 30 boîtes pour demain et 50 boîtes pour mardi prochain… La référence… alors… attendez… c'est… BC60… C'est ça, 30 pour demain… Ce sera difficile ?
(Pause : 00'05")

M. D. : Oui, s'il vous plaît, deux cents boites au lieu de 100, le double exactement… Oui, oui, à la même adresse… Entendu, je vous confirme ça par écrit, merci.
(Pause : 00'05")

Mme E. : Écoutez, ça fait une semaine que le photocopieur est en panne… C'est ça, une semaine que je vous téléphone tous les jours. À chaque fois, vous dites que vous allez envoyer un technicien, et on n'a encore vu personne… Le technicien malade ? Alors, aujourd'hui, c'est le technicien qui est malade… Un accident ? Mais vous n'avez pas qu'un seul réparateur, tout de même ?
(Pause : 00'05")

M. F. : Alors, quand j'ai reçu la marchandise, j'ai tout de suite remarqué que certains paquets étaient ouverts, et que… euh… en fait, la moitié des articles avait disparu… Oui, oui, au moins la moitié. À mon avis, c'est pas très compliqué, on les a volés pendant le transport.
(Pause : 00'05")

Mme G. : Bon, si ma mémoire est bonne, c'est la troisième fois en deux mois que vous ne respectez pas les délais et cette fois-ci, franchement, avec les fêtes de Noël, c'est plus grave… Oui, oui, je sais, mais si vous n'arrivez pas à nous livrer dans les délais, je crois que nous devrons nous adresser à un autre fournisseur.
(Pause : 00'05")

M. H. : Donc, quand j'ai remarqué le problème, je l'ai signalé au transporteur et bien sûr, j'ai fait des réserves sur le bon de réception… Oui, oui, j'ai indiqué en toutes lettres que j'étais d'accord pour réceptionner la marchandise, mais sous réserves. Et puis, le lendemain, je vous ai envoyé une lettre de réclamation de deux pages. Et depuis, pas de nouvelles… Comment ? Vous n'avez pas reçu la lettre ?
(Pause : 00'05")

Mme I. : Je viens de recevoir votre facture et… euh… il y a un chiffre que je ne comprends pas. C'est la remise… euh… d'habitude, vous nous accordez 15 % de réduction et cette fois-ci, c'est seulement 10 %. Ah bon ? Mais vous ne m'aviez rien dit.
(Pause : 00'05")

M. J. : Oui, alors, je vous appelle au sujet des calculateurs, tout est bien arrivé, mais le problème, c'est qu'il n'y a pas de mode d'emploi… Non, non, dans aucune boîte, j'ai bien vérifié.

6. Résultats et tendance

Bilan de compétences *(page 88)*

Entretien 1, page 88
Mathieu : Chers auditeurs, bonjour. Comme tous les dimanches, à la même heure, nous continuons notre grand tour d'Europe. Aujourd'hui, nous sommes au Portugal, en compagnie du professeur Manuel Tavares, qui est professeur d'économie à l'université de Lisbonne. Mais d'abord, je passe la parole à Nathalie, qui va nous présenter ce magnifique pays en quelques mots.
Nathalie : Oui, Mathieu, en quelques mots donc, je vous dirai que le Portugal compte 10 millions d'habitants, mais qu'il y a aussi beaucoup de Portugais dans le monde. On estime en effet que 4,5 millions de Portugais vivent à l'étranger, dont près de 800 000 en France. Le Portugal est entré dans l'Union européenne en 1986, en même temps que l'Espagne, et, depuis cette date, le pays n'a cessé de s'enrichir. Aujourd'hui, le PIB par habitant s'élève à 18 000 euros.

Entretien 2, page 88
Mathieu : Chers auditeurs, bonjour. Aujourd'hui, nous sommes aux Pays-Bas, et comme chaque dimanche, Nathalie va nous présenter le pays en quelques mots.
Nathalie : Oui, Mathieu, en quelques mots, je vous dirai que les Pays-Bas comptent 15 millions d'habitants. C'est le pays d'Europe où la densité de la population est la plus forte. On y parle le néerlandais, une langue germanique qui est également parlée en Belgique. Les Pays-Bas sont l'un des six pays fondateurs de l'Union européenne puisqu'ils ont signé le traité de Rome en 1957, avec l'Allemagne, la Belgique, la France, l'Italie et le Luxembourg. Si vous avez quelques jours devant vous, vous devez absolument visiter Amsterdam, c'est l'une des plus belles capitales d'Europe. Pour visiter la ville, vous pouvez louer une bicyclette pour sept euros par jour. Ici, tout le monde a son vélo, et dans le pays, plus de 2 millions de bicyclettes sont vendues chaque année.

Transcription des interviews vidéo

1. La génération numérique

1. Des jeunes de leur époque

Qu'est-ce qui distingue ces jeunes de leurs parents ? D'abord, ce sont des jeunes de leur époque. Donc ils collent aux valeurs et aux technologies de leur époque. Par exemple, ils s'intéressent à l'écologie beaucoup plus que leurs parents. En Europe, les jeunes Européens se sentent plus européens que leurs parents. Un jeune Espagnol se dit : « je suis espagnol et européen », d'abord espagnol, sans doute, mais aussi européen. C'est le cas du moins de ceux qui ont l'occasion de voyager parce que les jeunes des classes populaires sont plus sédentaires et restent assez nationalistes. Tous les jeunes ne se ressemblent pas.

2. La génération Y au travail

Comment se comportent les jeunes au travail ? Oui, alors, quand on parle des jeunes d'aujourd'hui, on parle de la génération numérique, mais aussi on dit génération Y. Ce Y peut aussi être prononcé « why », comme en anglais, c'est la génération « why », qui veut savoir pourquoi, pourquoi je travaille, pourquoi on me demande de faire ça, pourquoi pas ça. Ces jeunes-là sont plus diplômés que leurs aînés, ils sont aussi moins crédules. Ils veulent comprendre ce qu'on leur demande. On dit de ces jeunes qu'ils seraient plus exigeants que leurs aînés, ils voudraient des horaires flexibles, des congés, ils auraient besoin de liberté et d'autonomie, on entend ce genre de choses. Alors, on entend dire qu'ils désorganiseraient les entreprises, qu'ils représenteraient une menace, on parle même de péril jeune, mais bon, à mon sens, c'est très exagéré.

3. Le péril jeune

À vrai dire, ceux qui voient une menace dans la jeunesse sont surtout des consultants. Ce sont eux qui organisent des colloques, des conférences sur le soi-disant péril jeune. Ils publient des ouvrages, ils proposent des formations sur le management intergénérationnel. Mais c'est un problème qu'ils ont inventé de toutes pièces, pour se donner un peu de travail. En réalité, le problème n'existe pas. Du moins d'un point de vue scientifique. À ma connaissance, aucune étude scientifique n'a jamais conclu que cette génération Y représentait une quelconque menace pour l'entreprise. La vérité, c'est que la génération Y, telle qu'elle nous est présentée, est un faux concept

4. La génération Y, un faux concept

Je dis que la génération Y est un faux concept. N'importe quel sociologue vous dira que dans les comportements et les représentations il y a une composante générationnelle et que bien sûr un jeune de 20 ans n'a pas le même regard sur la vie ou sur le travail qu'une personne de 40 ou 50 ans. Mais à vrai dire l'influence de la classe sociale, des études, des territoires, c'est-à-dire du pays ou de la région d'où vous venez, est bien plus importante. Il n'y a pas UNE jeunesse, mais DES jeunesses. Un jeune étudiant issu d'un milieu bourgeois, qui a voyagé, qui parle plusieurs langues n'a pas le même regard sur les choses qu'un apprenti ouvrier, dont les parents sont ouvriers, qui a toujours vécu au même endroit. Ils ont le même âge, mais ils sont très différents. En fait, dans l'entreprise, les salariés qui sont soumis aux mêmes situations, aux mêmes règles de gestion réagissent à peu près de la même façon, quel que soit leur âge. On dit par exemple que les jeunes changent facilement d'employeur si le travail ne leur convient pas, mais c'est le cas de tout le monde, pas seulement des jeunes. Si vous avez un emploi qui ne vous plaît pas, vous en cherchez un autre, si toutefois la situation vous le permet, ça c'est vrai quel que soit l'âge, ce n'est pas une question de génération. Non, franchement, cette histoire de conflit intergénérationnel a toujours existé, les conflits ne sont pas plus exacerbés aujourd'hui qu'il y a 20, 30 ou 50 ans.

2. Le choix d'un nom de marque

1. L'importance de la marque

Un nom de marque est très important. D'abord parce que la marque c'est ce que vos prospects entendent ou retiennent en premier lorsque vous vous présentez. C'est la première chose qu'on voit sur un panneau publicitaire, ou sur la page d'accueil de votre site Web. C'est important aussi parce que très souvent, les moteurs de recherche, type Google, reprennent votre nom. Pour eux c'est un critère de sélection primordial et pour vous c'est une question de visibilité. Ensuite, troisièmement, le nom de marque, c'est un moyen de vous différencier de vos concurrents, votre nom vous rend unique, il marque votre positionnement. Et puis, enfin, c'est le nom que vous allez porter pendant plusieurs années, alors autant faire le bon choix tout de suite, parce que si vous devez un jour changer de nom, ce sera compliqué, vous devrez informer vos clients, changer toute votre communication, ce genre de choses. Si vous avez des ambitions internationales, choisissez un nom qui se prononce facilement et qui a un sens positif dans toutes les langues

2. Le nom et le produit

Le nom de marque doit-il évoquer clairement le produit ? Eh bien, c'est à vous de choisir. Si le nom n'évoque pas le produit, prenez par exemple une marque de vêtements avec un nom comme « Mystère », un nom qui n'a rien à voir avec les vêtements, mais pourquoi pas, alors dans ce cas vous devrez faire un gros travail de communication pour faire connaître votre produit. Au contraire, vous pouvez choisir un nom qui évoque explicitement votre produit. Si vous vendez des vêtements, et plus spécifiquement des tricots, vous pouvez vous appeler Tricoti et là le concept est inclus dans le nom, on comprend vite ce que vous faites. Mais sur le long terme je crois qu'on mémorisera plus facilement Mystère que Tricoti. Et puis aussi Mystère, c'est un peu plus désirable, plus sympathique et le capital sympathie, c'est très important, c'est le signe d'une marque forte.

3. Le dépôt du nom de marque

Est-ce qu'il faut déposer le nom de marque ? Ce n'est pas une obligation, mais si vous ne voulez pas qu'un autre utilise votre nom, c'est vivement conseillé. Alors, comment faire ? Pour la France, vous allez sur le site de l'INPI, l'Institut national de la propriété industrielle. Vous vérifiez que votre marque n'est pas encore déposée, du moins pour votre activité, parce que les dépôts de marque se font par classe, c'est-à-dire par catégorie de produits. À l'INPI, par exemple, il y a 45 classes et vous avez le droit d'inscrire votre marque dans trois classes différentes, ça vous coûte dans les 300 euros, et vous serez protégé pendant 10 ans, renouvelable indéfiniment, donc autant de fois que vous le voulez. La protection est seulement assurée en France. Si votre marque a une dimension internationale, vous pouvez déposer le nom dans plusieurs pays, notamment au niveau européen, mais évidemment ça vous coûtera plus cher. Vous pouvez aussi déposer un slogan, du genre *Plus blanc que blanc,* qui vient en complément de la marque.

4. Le nom de domaine

Qu'en est-il du nom de domaine ? Si vous ouvrez un site Internet, et je crois que c'est assez indispensable, eh bien, comme pour la marque, vous devez vérifier la disponibilité de votre nom de domaine. Pour cela, il suffit de taper le nom dans la barre d'adresse. Si le nom est déjà pris, c'est un problème, mais la situation n'est pas désespérée, parce que vous pouvez toujours essayer de le racheter à son propriétaire. Il faut trouver un nom qui est beaucoup recherché et pour lequel il n'y a pas trop de concurrence.

3. Le télétravail

1. Le télétravail est une réussite

On peut dire que le télétravail, ça marche. Dans l'ensemble, les télétravailleurs, ceux qui travaillent chez eux tout le temps et qui n'ont plus de bureau dans l'entreprise, sont satisfaits de leur travail. Ils se rendent compte que travailler à distance, loin du bureau, apporte bien des avantages, ça leur apporte une certaine liberté, ils trouvent cette liberté très appréciable. De son côté, l'entreprise réalise aussi qu'elle y gagne. De façon peut-être inattendue, les salariés sont plus productifs chez eux qu'au bureau. Pour les entreprises, c'est le premier avantage. Le deuxième avantage est directement d'ordre financier. Les entreprises se rendent compte qu'elles peuvent économiser l'équivalent de 15 % du

salaire quand un salarié ne travaille pas dans leurs locaux.

2. Pourquoi le télétravail ne se développe pas

Alors, maintenant, comment expliquer que le télétravail soit si peu utilisé ? Il y au moins trois raisons à cela. La première tient à l'inquiétude des salariés, qui en fait ne sont pas très enthousiastes. Pour eux, le bureau remplit une fonction sociale importante. C'est un lieu de travail, mais c'est aussi un lieu de rencontre. Des études montrent que dans les entreprises les plus high-tech, 20 % des couples mariés se sont rencontrés sur leur lieu de travail. Donc, en restant chez eux, les salariés ont peur de rester isolés. Une deuxième raison pour laquelle le télétravail peine à se développer est d'ordre juridique. Elle tient au fait qu'avec le télétravail on ne peut pas mesurer le temps de travail. Le Code du travail français stipule que la rémunération est fonction du temps de travail, or ce temps n'est pas pris en compte dans un contrat de télétravail. Le troisième problème, qui est de loin le plus important, c'est que le télétravail engendre une véritable révolution dans l'organisation de l'entreprise, et ça, c'est assez effrayant pour les dirigeants. En fait, beaucoup de managers n'en veulent absolument pas.

3. Les évolutions

La notion de télétravail a beaucoup évolué. Il y a 10 ou 20 ans, on se disait que bientôt les gens travailleraient tout le temps chez eux, mais aujourd'hui, quand on travaille à distance, le plus souvent, c'est seulement une partie du temps. Les managers prennent leur portable avec eux, où qu'ils aillent, et qu'est-ce qu'ils font ? Ils télétravaillent. Le télétravail devrait être source d'autonomie, d'indépendance et donc, je pense, de satisfaction. Mais ça devient assez stressant finalement car il n'y a plus de frontière entre vie professionnelle et vie personnelle, on est sans cesse en train de passer de l'une à l'autre. Certains même éprouvent un sentiment de culpabilité ou d'inquiétude quand ils ne travaillent pas, et en fait ils n'arrêtent pas de travailler, c'est ça, le problème. Il faut apprendre à trouver un juste rythme de travail.

4. En conclusion

Ce qu'on pourrait dire en conclusion, c'est que le télétravail est né d'une révolution technologique, mais c'est aussi et surtout une révolution culturelle, et de ce point de vue, les mentalités ne sont pas encore prêtes, il reste beaucoup à faire. Cela dit, l'arrivée sur le marché du travail de jeunes qui n'ont jamais eu à associer travail et lieu de travail pourrait être un facteur déterminant dans le développement du télétravail.

4. L'industrie du luxe

1. La demande

Il y a encore vingt ans, le luxe était réservé à une clientèle extrêmement réduite, très fortunée. Depuis il s'est considérablement démocratisé.

Maintenant tout le monde ou presque achète des produits de luxe, comme des parfums, des eaux de toilettes, des sacs à main. La différence, c'est que les gens ordinaires consomment le luxe de façon exceptionnelle. Par exemple, vous vous offrez un déjeuner dans un restaurant quatre étoiles. Vous faites ça une fois par an, pas plus.

2. Le produit
Dans le marketing classique, on définit son produit en répondant aux besoins des consommateurs. Pour le luxe, c'est différent. Si vous achetez une robe d'Yves Saint Laurent, vous n'avez pas besoin que monsieur Yves Saint Laurent vous demande comment vous voulez votre robe. Ce que vous achetez, c'est une création du couturier, et ce que vous demandez, c'est d'être séduite ou même éblouie par le talent du couturier. Le marketing de luxe est un marketing de l'offre, de la proposition, l'initiative en principe est du côté du créateur.

3. Le prix
Pour les produits de grande consommation, on fixe le prix en bonne partie par rapport à la concurrence. Mais dans le luxe, la concurrence a beaucoup moins d'importance. Si vous achetez un parfum Dior, vous ne le comparez pas aux autres parfums. Vous ne vous demandez même pas si votre parfum est meilleur ou moins bon que telle ou telle marque. En fait, ce parfum vous plaît, vous aimez son univers, c'est tout. À la limite, un produit de luxe n'a pas de véritable concurrent. Par ailleurs, la relation entre le prix du produit et les coûts de production est encore plus distante dans le luxe que pour les produits banalisés. Quand vous achetez votre parfum Dior, vous ne vous interrogez pas sur le coût des ingrédients utilisés. Le luxe vend du rêve et le rêve n'a pas de prix.

4. La distribution
Pour les produits de grande consommation, il faut que le consommateur puisse les trouver dans un grand nombre de points de vente. Dans le domaine du luxe, c'est différent. Par nature, un produit de luxe doit être rare. Donc les produits de luxe doivent être vendus dans un petit nombre de magasins sélectifs, il ne faut pas chercher à mettre en place un trop grand réseau de distribution. D'autre part, dans le domaine du luxe, l'emplacement d'un point de vente compte énormément, c'est plus important que la surface. Votre magasin doit être dans un quartier chic. Quant aux méthodes de vente, on peut difficilement vendre un produit de luxe en libre-service, avec des promotions agressives, il faut des vendeurs et à l'intérieur du magasin, il y a une certaine atmosphère, les vendeurs doivent être particulièrement affables, compétents, attentifs.

5. Le commerce en ligne

1. Votre site doit être agréable à regarder
La page d'accueil de votre site est très importante, elle n'a pas besoin d'être originale, mais il faut qu'elle soit agréable et d'une façon générale, toutes vos pages doivent donner envie d'être consultées, visuellement, autrement le visiteur fuira et vous ne pourrez plus le rattraper. Pour créer vos pages, il existe sur Internet des modèles de sites tout fabriqués, ils sont peu coûteux et de bonne qualité. Si vous voulez un design plus personnel, vous pouvez vous adresser à des agences Web, mais c'est plus cher. Pour éviter des problèmes, je vous conseille vivement de vous adresser à un professionnel. Créer un site et ensuite le maintenir, ça demande des compétences et un savoir-faire technique, ce n'est pas à la portée de tout le monde.

2. Votre site doit donner des informations
Votre site doit donner des informations. Si vous avez un beau site, c'est bien, mais ce n'est pas suffisant. Si c'est une coquille vide, on ne vous achètera rien. Il faut du contenu, c'est-à-dire de l'information. C'est ce que cherchent les clients. Ce n'est pas utile, c'est même plutôt néfaste de raconter votre vie, de parler de vos atouts et de vos compétences, ça n'a aucun intérêt pour le client.

3. Votre site doit inspirer confiance
La confiance est très importante sur Internet, surtout si le client arrive chez vous pour la première fois. Il faut qu'il ait confiance dans la qualité de vos produits, dans la sécurité du paiement, dans la rapidité et la qualité de la livraison. Ce sont les maîtres mots : qualité du produit, sécurité du paiement, livraison efficace. Vous devez bien mettre ces points en avant. Vous pouvez aussi expliquer au client comment il peut vous joindre s'il a une question ou une réclamation. Un client qui a confiance ira plus vite pour passer commande.

4. Votre logistique doit être au point
La logistique, c'est la base du commerce en ligne. Si votre logistique n'est pas au point, vous ne pourrez pas fidéliser vos clients. Internet, c'est 24 heures sur 24 et 7 jours sur 7, il n'y a pas de jours fériés, pas de zone géographique, on peut aller chercher les clients très loin, c'est un avantage certain, mais encore faut-il savoir en profiter, et donc il faut une très bonne organisation. La logistique, c'est surtout la livraison. Vos produits doivent être livrés en bon état et dans les délais convenus. Si votre livraison est défaillante, vous perdrez vos clients. Sur Internet, on peut pratiquement tout vendre, à condition que la logistique suive.

6. L'avenir de l'automobile

1. Les prévisions de ventes
Va-t-on continuer à acheter des automobiles ? La réponse est oui. L'automobile a beaucoup d'avantages. Elle permet de se déplacer où l'on veut et quand on veut, et pour cela elle restera irremplaçable. Je suis donc convaincu qu'on va continuer à vendre des automobiles pendant longtemps encore. Mais il faut distinguer pays riches et pays en voie de développement. Dans les pays riches, les ventes stagneront à leur niveau actuel, elles n'aug-

menteront pas, mais elles ne diminueront pas non plus. Dans les pays en voie de développement, en revanche, le potentiel est énorme. On voit déjà une explosion des ventes. Car plus un pays se développe, plus le besoin en automobiles se fait sentir, et si des pays comme la Chine ou l'Inde continuent à se développer, il est certain que les habitants de ces pays vont vouloir s'équiper en automobiles. Dans ces pays, l'automobile est un marqueur très fort du statut social. Dans les pays riches, on s'intéresse davantage au côté utilitaire de la voiture. Maintenant, on peut se demander si on a envie d'un monde dans lequel rouleraient des centaines de millions d'automobiles parce que l'automobile pose de nombreux problèmes.

2. Le problème de la sécurité

Le premier problème, c'est celui de la sécurité. Un chiffre. Par an, il y a dans le monde un million de morts sur la route. Ces morts sont comme les morts de la guerre : ce sont des personnes jeunes et en bonne santé. Les constructeurs automobiles ont considérablement amélioré les dispositifs de sécurité et les voitures sont de plus en plus sûres. Le problème, c'est que la plupart des morts ne sont pas dans la voiture, ils sont à l'extérieur, ce sont les piétons, les cyclistes ou les motards. Les voitures protègent le conducteur et ses passagers, mais comment faire pour les autres ? La seule solution, c'est de mettre en place des règles de circulation très strictes, comme des limitations de vitesse. Il faut sanctionner sévèrement les chauffards. C'est donc principalement aux autorités publiques de prendre leurs responsabilités.

3. Le problème de l'espace

Un deuxième problème, c'est que l'automobile occupe beaucoup d'espace, notamment quand elle roule dans les villes. Pour résoudre ce problème, il ne sert à rien de proposer de petites voitures parce que ce qui prend de la place, ce ne sont pas les voitures elles-mêmes, c'est l'espace entre les voitures. Alors, je crois qu'une première solution à ce problème d'espace, c'est de limiter l'usage de la voiture dans les villes. Pour cela, il y a différents moyens. D'abord, on peut développer et encourager les transports en commun, le métro, le bus, le tramway. On peut aussi encourager des moyens de transport alternatifs comme la bicyclette. Ensuite, on peut rendre la circulation dans les villes difficile. Dans certaines villes suisses et un peu à Paris, on favorise les embouteillages et il est difficile de stationner. Enfin, il faudrait concevoir des villes sans autos, des villes dans lesquelles on peut se passer de voitures.

4. Le problème de la pollution

L'automobile est un facteur de pollution car elle rejette dans l'atmosphère des gaz toxiques. En fait, ce problème est résolu techniquement. On sait, techniquement, réduire la pollution d'une voiture à un niveau acceptable. Aujourd'hui, la pollution est le fait des voitures âgées. Il n'y aura plus de pollution quand le parc automobile sera complètement renouvelé, mais pour cela, il faudra encore attendre une vingtaine d'années.

Lexique bilingue
français - anglais

Le lexique répertorie les mots contenus dans les textes, documents et exercices.
Le numéro qui figure à gauche du mot renvoie au numéro de la page où le mot apparaît pour la première fois.
La traduction est celle de l'acception du mot dans son contexte.

A

11	**à découvert,** *loc.*	overdrawn
34	**à durée déterminée,** *loc.*	short term
39	**à l'aise,** *loc.*	at ease
30	**à l'appui,** *loc.*	as evidence
53	**à l'écart,** *loc.*	out of the way
7	**à temps partiel,** *loc.*	part-time
34	**à temps plein,** *loc.*	full-time
68	**à terme (payer –),** *loc.*	forward (to pay –) *
54	**abonné,** *n.m.*	subscriber
46	**aboutir,** *v.*	to result in
28	**accomplir,** *v.*	to carry out
34	**accord,** *n.m.*	agreement
68	**accorder,** *v.*	to grant
87	**accroissement,** *n.m.*	growth
19	**accueil,** *n.m.*	homepage
39	**accueil,** *n.m.*	reception
56	**accueillir,** *v.*	to welcome
33	**accusé de réception,** *n.m.*	acknowledge of receipt
74	**accuser réception (de),** *v.*	to acknowledge receipt of
80	**achat (à crédit),** *loc.*	purchase (credit –)
30	**acte sous seing privé,** *n.m.*	simple contract
14	**actif,** *n.m.*	working person
80	**actif,** *n.m.*	assets
80	**actif circulant,** *n.m.*	current assets
80	**actif immobilisé,** *n.m.*	fixed assets
26	**action,** *n.f.*	share, stock (USA)
26	**actionnaire,** *n.m.*	shareholder
54	**affichage,** *n.m.*	bill-posting
54	**affiche,** *n.f.*	poster
45	**afficher,** *v.*	to post
19	**affronter,** *v.*	to face
10	**agence bancaire,** *n.f.*	bank agency
8	**agence de publicité,** *n.f.*	advertising agency
24	**agence immobilière,** *n.f.*	estate agency
47	**agenda,** *n.m.*	diary (UK), dayplanner (USA)
63	**agent de voyage,** *n.m.*	travel agent
82	**agrégat,** *n.m.*	aggregate
8	**agricole,** *adj.*	agricultural
82	**agriculteur,** *n.m.*	farmer
12	**allocations familiales,** *n.f.*	child benefit (UK), welfare (USA)
83	**alphabétisation,** *n.f.*	literacy
66	**amende,** *n.f.*	fine, penalty
87	**amortissement,** *n.m.*	depreciation
33	**ancienneté,** *n.f.*	length of service
13	**annonce publicitaire,** *n.f.*	advertisement
66	**annuler,** *v.*	to cancel
9	**appartenir à,** *v.*	to belong to
26	**apport en nature,** *n.m.*	contribution in kind
26	**apport en numéraire,** *n.m.*	cash contribution
22	**apport,** *n.m.*	contribution
6	**apprenti,** *n.m.*	apprentice *
83	**arachide,** *n.f.*	peanut
10	**arrondissement,** *n.m.*	district
8	**article,** *n.m.*	item
6	**artisan,** *n.m.*	craftsman
9	**artisanal,** *adj.*	made by craftsmen
76	**artisanat,** *n.m.*	craftsmen (as a class)
13	**aspirateur,** *n.m.*	vacuum cleaner
26	**assemblée générale,** *n.f.*	general meeting
41	**assister (à),** *v.*	to attend
22	**associé,** *n.m.*	partner
8	**assurance,** *n.f.*	insurance
70	**assurer (s'–),** *v.*	to insure oneself
70	**assureur,** *n.m.*	insurance company
21	**astuce,** *n.f.*	trick
8	**atelier,** *n.m.*	workshop
50	**atout,** *n.m.*	asset, advantage
37	**attendre,** *v.*	to expect
68	**au comptant,** *loc.*	cash (to pay –)
52	**au détail,** *loc.*	on retail
8	**auberge,** *n.f.*	inn
22	**autofinancement,** *n.m.*	self-financing
42	**avertissement,** *n.m.*	warning
19	**avicole,** *adj.*	poultry
43	**avocat,** *n.m.*	lawyer

B

86	**baisse,** *n.f.*	fall
84	**balance commerciale,** *n.f.*	balance of trade
51	**bas de gamme,** *loc.*	bottom-of-the-range
59	**base de données,** *n.f.*	data base
8	**bâtiment,** *n.m.*	building
87	**bénéfice d'exploitation,** *n.m.*	operating profit
8	**bénéfice,** *n.m.*	profit
12	**besoin,** *n.m.*	need
22	**bien immobilier,** *n.m.*	real estate
8	**biens,** *n.m.*	goods
62	**biens de consommation,** *n.m.*	consumer goods
8	**biens de production,** *n.m.*	capital goods
80	**bilan,** *n.m.*	balance-sheet
45	**blesser (se),** *v.*	to injure oneself
70	**blessure,** *n.f.*	injury
64	**bon de commande,** *n.m.*	order-form, purchase-order
67	**boucherie,** *n.f.*	butcher's shop
38	**boulon,** *n.m.*	bolt
26	**Bourse,** *n.f.*	Stock Exchange
8	**boutique,** *n.f.*	shop
32	**brevet,** *n.m.*	patent
77	**bricolage,** *n.m.*	do-it-yourself (DIY)
35	**brut,** *adj.*	gross
6	**bureau,** *n.m.*	office

C

31	**cabinet de consultants,** *n.m.*	consulting firm
6	**cadre,** *n.m.*	executive, manager
49	**cadre supérieur,** *n.m.*	senior executive
47	**caillou,** *n.m.*	stone
59	**caissier,** *n.m*	cashier
50	**campagne publicitaire,** *n.f.*	advertising campaign
36	**candidature,** *n.f.*	application
30	**capital risque,** *n.m.*	venture capital
22	**capital social,** *n.m.*	nominal capital
80	**capitaux propres,** *n.m.*	shareholder's funds
10	**carnet de chèques,** *n.m.*	chequebook (UK), check-book (USA)
36	**carrière,** *n.f.*	career
55	**casquette,** *n.f.*	cap
52	**centrale d'achat,** *n.f.*	central merchandizing (USA)

38	**chaîne**	assembly line
	(travail à la –), *n.f.*	(work on an –)
59	**chariot,** *n.m.*	trolley (UK), cart (USA)
35	**chef du personnel,** *n.m.*	staff manager
7	**chercheur,** *n.m.*	researcher
8	**chiffre d'affaires,** *n.m.*	turnover
77	**chiffre,** *n.m.*	figure
7	**chimiste,** *n.m.*	chemist
15	**chômage,** *n.m.*	unemployment
14	**chômeur,** *n.m.*	unemployed
86	**chute,** *n.f.*	fall
11	**ci-joint,** *adv.*	enclosed
6	**client,** *n.m.*	customer
25	**clientèle,** *n.f.*	customers
27	**coiffure,** *n.f.*	hairdressing
55	**colis,** *n.m.*	parcel
7	**collègue,** *n.*	colleague
64	**commande,** *n.f.*	order
12	**commerçant,** *n.m.*	shopkeeper
17	**commerce international,** *n.m.*	international trade
8	**compagnie aérienne,** *n.f.*	airline
85	**compétitivité,** *n.f.*	competitiveness
48	**comportement,** *n.m.*	behaviour
84	**comptabiliser,** *v.*	to count
69	**comptabilité,** *n.f.*	accounting
81	**comptable,** *n.*	accountant
80	**compte de résultat,** *n.m.*	profit and loss account
40	**compte rendu,** *n.m.*	report statement
11	**compte,** *n.m.*	account
30	**concis,** *adj.*	concise
15	**concurrence,** *n.f.*	competition
50	**concurrent,** *n.m.*	competitor
42	**condamner,** *v.*	to sentence
50	**conditionnement,** *n.m.*	packaging
19	**conduite,** *n.f.*	behaviour
36	**conférence,** *n.f.*	lecture
46	**conflictuel,** *adj.*	conflictual
66	**conforme,** *adj.*	in accordance with
24	**congé,** *n.m.*	holiday (UK), vacation (USA)
32	**conjoncture économique,** *n.f.*	economic situation
30	**conseil,** *n.m.*	consulting
26	**conseil d'administration,** *n.m.*	board of directors
13	**conseiller,** *v.*	to recommend
12	**consommateur,** *n.m.*	consumer
12	**consommation,** *n.f.*	consumption
12	**consommer,** *v.*	to consume
66	**constater,** *v.*	to notice
30	**constituer**	to incorporate
	(une société), *v.*	(– a company)
30	**contenu,** *n.m.*	content
85	**contingentement,** *n.m.*	quota system
14	**contribuable,** *n.m.*	tax-payer
26	**convenir (à),** *v.*	to suit
25	**coordonnées,** *n.f.*	contact details
26	**coté en Bourse,** *adj.*	listed on the Stock Exchange
67	**coup de fil,** *n.m.*	phone call
31	**courrier électronique,** *n.m.*	e-mail
79	**cours (des actions),** *n.m.*	price (of shares)
17	**coût,** *n.m.*	cost
56	**craindre,** *v.*	to fear
80	**créance,** *n.f.*	debt-claim
8	**créancier,** *n.m.*	creditor
16	**crise,** *n.f.*	crisis
77	**croissance,** *n.f.*	growth
83	**croître,** *v.*	to grow
20	**cultivé,** *adj.*	cultured, educated
44	**curriculum vitae,** *n.m.*	CV (UK), résumé (USA)

D

52	**d'occasion,** *loc.*	second hand
66	**dans les meilleurs délais,** *loc.*	as soon as possible
66	**déballer,** *v.*	to unpack
46	**débarrasser de (se),** *v.*	to get rid of
51	**décevant,** *adj.*	disappointing
68	**défaillance,** *n.f.*	default

19	**défi,** *n.m.*	challenge
84	**déficitaire (solde –),** *adj.*	negative (– balance)
71	**dégât,** *n.m.*	damage
42	**délai de préavis,** *n.m.*	period/term of notice
53	**délai de paiement,** *n.m.*	term of payment
66	**délai de livraison,** *n.m.*	delivery time
37	**déléguer,** *v.*	to delegate
17	**délocalisation,** *n.f*	relocation
30	**demeurer,** *v.*	to reside
20	**démissionner,** *v.*	to resign
30	**dénommer,** *v.*	to name
27	**dénomination sociale,** *n.f.*	corporate name
52	**dentifrice,** *n.m.*	toothpaste
12	**dépenser,** *v.*	to spend
58	**déplacement,** *n.m.*	trip
54	**dépliant,** *n.m.*	leaflet
10	**destinataire,** *n.m.*	addressee
52	**détaillant,** *n.m.*	retailer
37	**détendu,** *adj.*	relaxed
27	**détenir,** *v.*	to hold
22	**dette,** *n.f.*	debt, liability
31	**devis,** *n.m.*	cost estimate
20	**diplômé,** *adj.*	qualified, a graduate from…
47	**dirigeant,** *n.m.*	executive
27	**diriger,** *v.*	to manage, to run
64	**disponible,** *adj.*	available
37	**distributeur,** *n.m.*	vending machine
52	**distributeur,** *n.m.*	distributor
27	**diviser,** *v.*	to divide
14	**domaine,** *n.m.*	area
38	**domicile (travail à –),** *n.m.*	home (work from –)
70	**dommage,** *n.m.*	damage
12	**donner en location,** *v.*	to hire out, to let
9	**dossier,** *n.m.*	file
84	**douanier,** *adj.*	customs
77	**droguerie,** *n.f.*	hardwareshop
84	**droit d'auteur,** *n.m.*	copyright
85	**droit de douane,** *n.m.*	custom duty
26	**droit,** *n.m.*	law
34	**durée du travail,** *n.f.*	working hours

E

54	**échantillon,** *n.m.*	sample
31	**échec,** *n.m.*	failure
31	**échouer,** *v.*	to fail
37	**école de commerce,** *n.f.*	business school
80	**économe,** *adj.*	thrifty
16	**économies,** *n.f.*	savings
37	**écouler,** *v.*	to sell (off)
59	**écran,** *n.m.*	screen
53	**écraser,** *v.*	to crush
38	**écrou,** *n.m.*	nut
9	**effectifs,** *n.m.*	staff
17	**efficacité,** *n.f.*	efficiency
11	**élever à (s'–),** *v.*	to amount to
39	**élire,** *v.*	to elect
50	**emballage,** *n.m.*	packaging
50	**emballer,** *v.*	to pack
35	**embauche,** *n.f.*	hiring
34	**embaucher,** *v.*	to hire
63	**embêtant,** *adj.*	annoying
55	**émission (de télévision),** *n.f.*	program (TV –)
48	**emplacement,** *n.m.*	location
21	**emploi,** *n.m.*	job
6	**employé,** *n.m.*	office worker
8	**employer,** *v.*	to employ
6	**employeur,** *n.m.*	employer
11	**emprunt,** *n.m.*	loan
11	**emprunter (à qqn),** *v.*	to borrow (from s.o.)
56	**en espèces,** *loc.*	cash
52	**en gros,** *loc.*	in bulk
21	**en ligne,** *loc.*	on-line
48	**en vigueur,** *loc.*	in force
6	**encadrement,** *n.m.*	executive staff, management

11	**encaissement**, *n.m.*	cashing
11	**encaisser (un chèque)**, *v.*	to cash (a cheque, a check)
22	**endettement**, *n.m.*	debt level
78	**énergétique (ressource)**, *adj.*	energy (ressource)
48	**enquête**, *n.f.*	survey
60	**enquêteur**, *n.m.*	interviewer
54	**enseigne**, *n.f.*	(shop) sign
89	**entamer**, *v.*	to start
70	**entreposer**, *v.*	to store
70	**entrepôt**, *n.m.*	warehouse
6	**entreprise**, *n.f.*	firm
55	**entretien (produit d'–)**, *n.m.*	house cleaning (– material)
23	**entretien**, *n.m.*	conversation
80	**épargne**, *n.f.*	savings
80	**épargner**, *v.*	to save
8	**épicerie**, *n.f.*	grocer's
64	**épuisé (livre –)**, *adj.*	out of print (book –)
19	**équipe**, *n.f.*	team
83	**espérance de vie**, *n.f.*	life expectancy
8	**établissement financier**, *n.m.*	financial house
52	**étagère**, *n.f.*	shelf
66	**état (en mauvais –)**, *n.m.*	condition (in poor –)
14	**État**, *n.m.*	State
59	**étiquette**, *n.f.*	label
48	**étude de marché**, *n.f.*	market research
57	**étui**, *n.m.*	case
70	**évaluer**, *v.*	to estimate
80	**excédent**, *n.m.*	surplus
84	**excédentaire (balance –)**, *adj.*	active (– balance)
34	**exécuter**, *v.*	to perform
35	**exercer**, *v.*	to practice
80	**exercice**, *n.m.*	accounting year
66	**expédier**, *v.*	to dispatch
10	**expéditeur**, *n.m.*	sender
47	**expérimenté**, *adj.*	experienced
27	**exploiter (un commerce)**, *v.*	to run (a business)
84	**exportation**, *n.f.*	export

F

6	**fabricant**, *n.m.*	manufacturer
17	**fabriquer**, *v.*	to manufacture
87	**facteur**, *n.m.*	postman
65	**facturation**, *n.f*	invoicing
68	**facture**, *n.f.*	invoice
68	**facture rectificative**, *n.f.*	corrective invoice
66	**facturer**, *v.*	to invoice
26	**faillite**, *n.f.*	bankruptcy
43	**faire grève**, *v.*	to go on strike
68	**faire parvenir**, *v.*	to send
12	**faire ses courses**, *v.*	to go shopping
14	**ferroviaire**, *adj.*	railway
77	**fier à (se)**, *v.*	to trust
14	**financement**, *n.m.*	financing
14	**financer**, *v.*	to find capital for
8	**financier**, *adj.*	financial
62	**fisc**, *n.m.*	tax authorities (UK), IRS (USA)
81	**fiscal**, *adj.*	tax
54	**foire**, *n.f.*	fair
34	**fonction**, *n.f.*	work
14	**fonctionnaire**, *n.m.*	civil servant
32	**fondateur**, *n.m.*	promoter, founder
32	**fonder (une entreprise)**, *v.*	to start (a business)
36	**formation**, *n.f.*	education, training
28	**formulaire**, *n.m.*	form
59	**fournir**, *v.*	to provide with
53	**fournisseur**, *n.m.*	supplier
78	**fourniture (de bureau)**, *n.f.*	office supplies
49	**foyer (homme au –)**, *n.m.*	house (– husband)
71	**fracturer (une porte)**, *v.*	to break (a door)
65	**frais de port**, *n.m.*	tranportation costs
32	**fulgurant**, *adj.*	rapid

G

17	**gâcher**, *v.*	to spoil
50	**gamme**, *n.f.*	range
45	**garantir**, *v.*	to guarantee
80	**gaspiller**, *v.*	to waste
26	**gérant**, *n.m.*	general manager
26	**gérer**, *v.*	to manage, run
26	**gestion**, *n.f.*	administration
36	**gestionnaire**, *n.m.*	administrator
59	**gondole**, *n.f.*	shelves
8	**grand magasin**, *n.m.*	department store
48	**grande surface**, *n.f.*	large-scale retailer
86	**graphique**, *n.m.*	chart
11	**gratuitement**, *adv.*	free of charge
47	**gravier**, *n.m.*	gravel
38	**grève**, *n.f.*	strike
43	**gréviste**, *n.m.*	striker
52	**grossiste**, *n.m.*	wholesaler
28	**guichet**, *n.m.*	office window, desk

H, I

86	**hausse**, *n.f.*	rise
73	**haut de gamme**, *loc.*	top of the line
80	**héritage**, *n.m.*	inheritance
12	**hériter**, *v.*	to inherit
34	**horaires de travail**, *n.m.*	working hours
39	**hôtesse d'accueil**, *n.f.*	receptionnist
9	**hypermarché**, *n.m.*	hypermarket
28	**immatriculation**, *n.f.*	registration
28	**immatriculer**, *v.*	to register
25	**immeuble**, *n.m.*	building
87	**implantation industrielle**, *n.f.*	location of industry
61	**importateur**, *n.m.*	importer
85	**importation**, *n.f.*	import
14	**impôt sur le revenu**, *n.m.*	income tax
12	**impôt**, *n.m.*	tax
52	**imprimante**, *n.f.*	printer
54	**imprimerie**, *n.f.*	printing-office
70	**incendie**, *n.m.*	fire
37	**indécis**, *adj.*	undecided
14	**indemnité de chômage**, *n.f.*	unemployment benefit
42	**indemnité de licenciement**, *n.f.*	dismissal payment
74	**indisponible**, *adj.*	not available
40	**inefficace**, *adj.*	inefficient
21	**informaticien**, *n.m.*	computer engineer
9	**informatique**, *adj.*	computer industry
84	**ingénierie**, *n.f.*	engineering
7	**ingénieur**, *n.m.*	engineer
37	**inquiet**, *adj.*	worried
78	**intéressement**, *n.m.*	profit-sharing
11	**intérêt**, *n.m.*	interest
52	**intermédiaire**, *n.m.*	middleman
63	**intime**, *adj.*	intimate
22	**investir**, *v*	to invest
16	**investissement**, *n.m.*	investment
30	**investisseur**, *n.m.*	investor

J, K, L

67	**joindre (qqn)**, *v.*	to get in touch (with s.o.)
20	**juridique**, *adj.*	legal
20	**juriste**, *n.*	lawyer
54	**kiosque à journaux**, *n.m.*	newspaper-stand
19	**lancer**, *v.*	to launch
36	**lettre de motivation**, *n.f.*	covering letter
68	**lettre de rappel**, *n.f.*	letter of reminder
13	**lettre recommandée**, *n.f.*	registered (post) letter
52	**libraire**, *n.m.*	bookseller
15	**libre entreprise**, *n.f.*	free enterprise
50	**libre-service**, *n.m.*	self-service
16	**libre-échange**, *n.m.*	free trade
42	**licenciement**, *n.m.*	dismissal

42	**licencier,** *v.*	to dismiss
16	**lien,** *n.m.*	tie
34	**lieu de travail,** *n.m.*	place of work
80	**liquidités,** *n.f.*	liquid assets
9	**livraison,** *n.f.*	delivery
66	**livrer,** *v.*	to deliver
24	**local,** *n.m.*	premises
25	**locataire,** *n.m.*	tenant
12	**logement,** *n.m.*	lodging
63	**loger,** *v.*	to lodge
13	**loi,** *n.f.*	law
7	**louer,** *v.*	to rent
7	**loyer,** *n.m.*	rent
8	**lucratif (à but –),** *n.m.*	profit-seeking
16	**lutte des classes,** *n.f.*	class struggle

M, N

12	**magasin,** *n.m.*	shop
17	**main-d'œuvre,** *n.f.*	labor
36	**maître d'hôtel,** *n.m.*	head waiter
48	**maladroit,** *adj.*	awkward
32	**manque,** *n.m.*	lack
52	**marchandisage,** *n.m.*	merchandising
66	**marchandise,** *n.f.*	goods
9	**marché,** *n.m.*	market
50	**marque,** *n.f.*	brand
8	**matériel,** *n.m.*	equipment
8	**matière première,** *n.f.*	raw material
28	**méfiant,** *adj.*	suspicious
10	**meilleures salutations,** *loc.*	best wishes
43	**menacer,** *v.*	to threaten
12	**ménage,** *n.m.*	household
8	**menuisier,** *n.m.*	carpenter
8	**mercerie,** *n.f.*	haberdashery (UK)
6	**métier,** *n.m.*	job
54	**mise en avant,** *loc.*	putting forward
78	**minerai,** *n.m.*	ore
10	**mise en page,** *n.f.*	formatting
19	**mode d'emploi,** *n.m.*	instructions for use
65	**mode de paiement,** *n.m.*	method of payment
15	**mondialisation,** *n.f.*	globalization
53	**monopole,** *n.m.*	monopoly
26	**montant,** *n.m.*	amount
57	**monture,** *n.f.*	frame
38	**moteur,** *n.m.*	engine
42	**motif,** *n.m.*	reason
59	**moyen de paiement,** *n.m.*	means of payment
76	**moyen de subsistance,** *n.m.*	means of subsistence
21	**moyenne,** *n.f.*	average
22	**moyen de financement,** *n.m.*	means of financing
8	**moyen financier,** *n.m.*	financial resources
66	**négligence,** *n.f.*	carelessness
37	**nommer,** *v.*	to appoint
24	**note de service,** *n.f.*	memorandum

O

27	**objet social,** *n.m.*	company purpose
44	**offre d'emploi,** *n.f.*	job offer
28	**ordinateur,** *n.m.*	computer
40	**ordre du jour,** *n.m.*	agenda
46	**outil de production,** *n.m.*	means of production
65	**ouvrage,** *n.m.*	book
6	**ouvrier,** *n.m.*	worker
38	**ouvrier spécialisé,** *n.m.*	unskilled worker

P

39	**paperasse,** *n.f.*	paperwork
55	**parrainer,** *v.*	to sponsor
26	**part sociale,** *n.f.*	partner's share
64	**passer commande,** *v.*	to place an order
80	**passif,** *n.m.*	liabilities
22	**patron,** *n.m.*	boss
17	**P-DG,** *n.m.*	chairman of the board

76	**pêche,** *n.f.*	fishing
14	**percevoir,** *v.*	to collect
8	**performant,** *adj.*	effective
66	**périmé,** *adj.*	barred by limitation
34	**période d'essai,** *n.f.*	probation period
20	**persévérant,** *adj.*	persevering
6	**personnel,** *n.m.*	employees
80	**perte,** *n.f.*	loss
46	**perte de temps,** *n.f.*	waste of time
20	**perturber,** *v.*	to disturb
84	**pétrole,** *n.m.*	oil
48	**pharmacie,** *n.f.*	drugstore (USA), chemist's (UK)
38	**pièce,** *n.f.*	component part
77	**pitoyable,** *adj.*	pitiful
46	**plat,** *adj.*	flat
16	**plein-emploi,** *n.m.*	full employment
6	**plombier,** *n.m.*	plumber
81	**plus-value,** *n.f.*	gain
77	**poids,** *n.m.*	weight
70	**police d'assurance,** *n.f.*	insurance policy
76	**population active,** *n.f.*	working population
59	**portillon,** *n.m.*	gate
50	**positionnement,** *n.m.*	positioning
6	**poste,** *n.m.*	job, position
17	**pot de vin,** *n.m.*	bribe
7	**pourboire,** *n.m.*	tip
13	**poursuites judiciaires,** *n.f.*	legal proceedings, action
13	**poursuivre en justice,** *v.*	to sue
82	**pouvoir d'achat,** *n.m.*	purchasing power
42	**préavis (délai de –),** *n.m.*	notice (term of –)
16	**préconiser,** *v.*	to recommend
70	**préjudice,** *n.m.*	damage
37	**préjugé,** *n.m.*	prejudice
14	**prélever,** *v.*	to deduct
40	**prendre la parole,** *loc.*	to begin to speak
38	**prendre sa retraite,** *loc.*	to retire, to go into retirement
76	**prépondérant,** *adj.*	dominant
73	**prêt-à-porter,** *n.m.*	ready-to-wear clothes
8	**prêter,** *v.*	to lend
66	**preuve,** *n.f.*	evidence
56	**prime,** *n.f.*	bonus
70	**prime d'assurance,** *n.f.*	insurance premium
39	**procédure,** *n.f.*	proceedings
43	**procès,** *n.m.*	lawsuit
50	**producteur,** *n.m.*	producer
6	**produire,** *v.*	to produce
8	**produit,** *n.m.*	product
78	**produit alimentaire,** *n.m.*	food product
80	**produit fini,** *n.m.*	finished product
82	**produit intérieur brut (PIB),** *n.m*	Gross Domestic Product (GDP)
20	**profil,** *n.m.*	profile
30	**projet,** *n.m.*	plan
43	**projet de loi,** *n.m.*	bill
8	**propriétaire,** *n.m.*	owner
12	**propriétaire,** *n.m.*	landlord(lady)
8	**publicité (agence de),** *n.f.*	advertising agency
54	**publicité directe,** *n.f.*	direct marketing
13	**publicité mensongère,** *n.f.*	misleading advertising

Q, R

7	**quartier d'affaires,** *n.m.*	business district
77	**quincaillerie,** *n.f.*	hardware store
87	**ralentissement,** *n.m.*	slowing down
25	**rapport qualité prix,** *n.m.*	quality-price ratio
37	**rapport,** *n.m.*	report
47	**(à) ras bord,** *loc.*	to the brim
38	**ras-le-bol (en avoir –),** *n.m.*	to be fed up
52	**rayon,** *n.m.*	department
52	**rayonnage,** *n.m.*	shelves
82	**recenser,** *v.*	to take a census of
14	**recette,** *n.f.*	revenue
7	**recherche,** *n.f.*	research

13	**réclamation**, *n.f.*	claim	
66	**réclamer**, *v.*	to claim	
62	**reconnaissant**, *adj.*	grateful	
32	**reconvertir (se)**, *v.*	to redeploy, to change activity	
22	**recourir à**, *v.*	to appeal to	
36	**recrutement**, *n.m.*	recruitment	
86	**recul**, *n.m.*	diminution	
28	**rédiger**, *v.*	to draw up	
77	**réduire**, *v.*	to reduce	
28	**registre du commerce**, *n.m.*	registar's office	
17	**règle**, *n.f.*	rule	
17	**règlement**, *n.m.*	regulation	
68	**règlement**, *n.m.*	payment	
48	**réglementation**, *n.f.*	regulation	
71	**règlement (du sinistre)**, *n.m.*	settlement	
34	**règlement intérieur**, *n.m.*	interior regulation	
68	**régler**, *v.*	to pay	
16	**relancer**, *v.*	to boost	
11	**rembourser**, *v.*	to pay back	
11	**remettre**, *v.*	to hand in	
68	**remise**, *n.f.*	reduction, discount	
37	**remplacer**, *v*	to substitute	
23	**renouveler**, *v.*	to renew	
29	**renseignement**, *n.m.*	piece of information	
52	**rentable**, *adj.*	profitable	
24	**reporter**, *v.*	to postpone	
57	**représentant**, *n.m.*	salesman	
89	**reprise**, *n.f.*	recovery	
64	**réseau**, *n.m*	network	
34	**résilier**, *v.*	to terminate	
46	**résoudre**, *v.*	to solve	
36	**résultat**, *n.m.*	result	
41	**résumer**, *v.*	to sum up	
14	**retraité**, *n.m.*	pensioner	
39	**réunion**, *n.f.*	meeting	
40	**réunionite**, *n.f.*	mania for meetings	
43	**revendications (de salaire)**, *n.f.*	claims (wage –)	
12	**revenu**, *n.m.*	income	
52	**rez-de-chaussée**, *n.m.*	ground floor	
14	**richesse**, *n.f.*	wealth	
70	**risque**, *n.m.*	risk	
34	**rompre**, *v.*	to break	
42	**rupture de contrat**, *n.f.*	breach of contract	

S

47	**sable**, *n.m.*	sand
6	**salaire**, *n.m.*	salary, wage
14	**salaire minimum**, *n.m.*	minimum wage
6	**salarié**, *n.m.*	salary/wage-earner
73	**salle de réunion**, *n.f.*	meeting room
54	**salon**, *n.m.*	show, exhibition, fair
36	**savoir-faire**, *n.m.*	ability, know-how
45	**scie**, *n.f.*	saw
83	**scolarisé**, *adj.*	provided with school
45	**secrétariat**, *n.m.*	secretary's office
9	**secteur**, *n.m.*	sector
6	**serrurier**, *n.m.*	locksmith
7	**serveur**, *n.m.*	waiter
45	**service (demander un –)**, *n.m.*	favour (to ask a –)
45	**service (du personnel)**, *n.m.*	department (staff –)
66	**service clientèle**, *n.m.*	after-sales service
14	**service public**, *n.m.*	public utility
9	**siège social**, *n.m*	head office headquarters
70	**sinistre**, *n.m.*	disaster
26	**société à responsabilité limitée**, *n.f.*	unlimited-liability company
10	**société anonyme**, *n.f.*	corporation (USA)
9	**société**, *n.f.*	company,

		partnership
84	**solde**, *n.m.*	settlement
85	**solidaire**, *adj.*	interdependant
11	**somme**, *n.f.*	amount
69	**souci**, *n.m.*	worry
68	**sous huitaine**, *loc.*	in a week
54	**soutien**, *n.m.*	support
86	**stabiliser (se)**, *v.*	to stabilize
36	**stage**, *n.m.*	training course (UK), internship (USA)
47	**stagiaire**, *n.*	trainee
20	**statut social**, *n.m.*	social status
27	**statuts**, *n.m.*	articles of Incorporation (USA)
59	**stocker**, *v.*	to stock
80	**stocks**, *n.m.*	inventories, stocks
46	**subordonné**, *n.m.*	subordinate
84	**subvention**, *n.f.*	subsidy
14	**subventionner**, *v.*	to subsidize
25	**superficie**, *n.f.*	surface
9	**supermarché**, *n.m.*	supermarket
17	**supprimer**, *v.*	to suppress, to eliminate
16	**sur-le-champ**, *loc.*	immediately, on-the-spot
70	**survenance**, *n.f.*	coming unexpectedly
43	**syndicat**, *n.m.*	trade union

T

34	**tâche**, *n.f.*	task
56	**tâcher (de)**, *v.*	to try (to)
8	**taille**, *n.f.*	size
54	**tailleur**, *n.m.*	lady's suit
39	**taper (une lettre)**, *v.*	to type (a letter)
11	**taux (d'intérêt)**, *n.m.*	rate (interest –)
14	**taxe à la valeur ajoutée (TVA)**, *n.f.*	Value Added Tax (VAT)
64	**télécopie**, *n.f.*	fax
17	**témoignage**, *n.m.*	testimony
87	**tendu**, *adj.*	tense
39	**tenue vestimentaire**, *n.f.*	way of dressing
34	**terme (d'un contrat)**, *n.m.*	end (of a contract)
80	**terrain**, *n.m.*	piece of land
72	**tissu**, *n.m.*	cloth
9	**transport**, *n.m.*	transportation
8	**transporteur**, *n.m.*	carrier
6	**travailleur indépendant**, *n.m.*	freelance worker
76	**travaux publics**, *n.m.*	public works
68	**trésorerie**, *n.f.*	financial accounts
42	**tribunal**, *n.m.*	court of justice
56	**tromper**, *v.*	to cheat
46	**tutoyer**, *v.*	to address s.o. as *tu* (instead of *vous*)

U, V

6	**usine**, *n.f.*	factory
17	**vaincre**, *v.*	to defeat
14	**valeur ajoutée**, *n.f.*	added value
11	**vendeur**, *n.m.*	salesman
51	**vente**, *n.f.*	sale
12	**verser**, *v.*	to pay
68	**virement (bancaire)**, *n.m.*	transfer (bank-)
17	**virer (qqn)**, *v.*	to fire (s.o.)
25	**visé**, *v.*	targeted
38	**visser**, *v.*	to screw
45	**vœu**, *n.m.*	wish
63	**vol**, *n.m.*	robbery
46	**vouvoyer**, *v.*	to address s.o. as *vous* (instead of *tu*)
39	**voyage d'affaires**, *n.m.*	business trip

N° de projet: 10221914
Imprimé en Janvier 2016
Dépôt légal: janvier 2013